Unihockey basics

Spielentwicklung in Schule und Verein

Benedikt Beutler
Mark Wolf

Unihockey basics

Spielentwicklung in Schule und Verein

INGOLD Verlag

SVSS•ASEP•ASEF

Erfreulicherweise ist Unihockey auch bei den Mädchen und Frauen sehr beliebt. Natürlich beziehen sich sämtliche Anregungen, Ratschläge und Tipps auf jegliches Geschlecht. Auch wenn der besseren Lesbarkeit wegen nur von Spielern und Lehrern die Rede ist, so sind selbstverständlich auch Spielerinnen und Lehrerinnen gemeint.

1. Auflage 2004

Autoren	Benedikt Beutler Mark Wolf
Illustrationen	Leo Kühne
Bilder	Daniel Käsermann (BASPO), Mark Wolf, Benedikt Beutler
Fachlektorat	Duri Meier
Gestaltung	Imago Werbung Basel, Stephanie Grunder
Druck	Vogt-Schild/Habegger, Solothurn
Projektleitung und Abschlussredaktion	Martin Kaufmann
Herausgeber	SVSS, Schweizerischer Verband für Sport in der Schule

ISBN 3-03700-043-0
INGOLD-Bestell-Nr. 20.043.0

Auslieferung:
Ernst Ingold+Co. AG
CH-3360 Herzogenbuchsee
Telefon: 062 956 44 44
Fax: 062 956 44 54
E-Mail: info@ingoldag.ch
Internet: www.ingoldag.ch

Inhaltsverzeichnis

Unihockey lebt

Das eigentliche Kulturgut des Sportes findet sich in den einzelnen Sportarten. Sie enthalten die sorgfältig entwickelten Bewegungsformen und -geräte, sie passen Regeln und Räume an, sie beeinflussen die Kleidung und die Ausrüstung.
Unihockey ist ein junges und frisches Kulturgut. Seine Selbstständigkeit war durch die starke Wurzel im Eishockey längere Zeit wenig beachtet. Heute stellen wir ein sportkulturelles Profil fest, das nicht mehr wegzudenken ist. Unihockey lebt.
Ganz besonders geeignet ist dieser Sport für Schule und Verein. Mit vernünftigem Aufwand und in wenig Zeit kann ein konstruktives Mannschaftsspiel entwickelt werden. Die motorischen Grobformen sind leicht und spielerisch entwickelbar, die taktischen Grundzüge sind phantasievoll, aber erlernbar.
Es ist so erfreulich, dass zwei junge Autoren mit internationaler Elite-Erfahrung dieses wichtige Lehrmittel für die Ausbildung des Unihockeys vorlegen. Die reiche Spielerfahrung und das intelligente Spielverständnis der beiden Autoren sind in der praxisnahen Übungssammlung durchwegs spürbar. Der einfache Aufbau lässt einen zielgerichteten Unterricht in verschiedensten Formen zu.
Je rascher sich eine Sportart für beide Geschlechter entwickelt, um so dynamischer ist dieser Sport in unserer Gesellschaft. Unihockey besitzt diese Eigenschaft.
Ich wünsche dieser Sportart und diesem Lehrmittel eine dynamische Verbreitung.

Heinz Keller
Direktor Bundesamt für Sport Magglingen

Wegweiser für den Unihockey-Unterricht

Unihockey wird seit 20 Jahren in unseren Schulen gespielt. Der Schweizerische Unihockey Verband (Swiss Unihockey) und der Schweizerische Verband für Sport in der Schule (SVSS) haben seither die Entwicklungen dieses Spiels intensiv begleitet.
Die nur spärlich vorhandene Unihockey-Literatur zeigt ein Defizit im Bereich der Schule auf. Es fehlt ein Grundlagenbuch für Lehrkräfte. In den letzten Jahren wurden verschiedene Diplomarbeiten geschrieben, die einen substantiellen Beitrag zur Realisierung dieses Buches liefern. Unihockey basics ist ein Wegweiser für den Unihockey-Unterricht in den Schulen. Es wendet sich in erster Linie an Lehrkräfte der Volksschulen, die sich etwas intensiver mit dem Schulspiel Unihockey befassen wollen. Aber auch Studierende, J+S-Leiter und Vereinstrainer finden darin Ideen und Anregungen für einen angepassten, stufengerechten Unterricht.

Unihockey basics

- ist eine Ideensammlung, die es dem Leitenden ermöglicht, gezielt an den technisch-taktischen Grundlagen des Unihockeys spielerisch zu arbeiten
- erlaubt eine schnelle Orientierung über die Themen Ballführen, Passen, Schiessen und Spiel
- beinhaltet vielfältige variable Übungen und Spielformen für den praktischen Unterricht
- bietet einen kontinuierlichen Spielaufbau, der sich anhand von Zielangaben und Kontrollfragen einfach überprüfen und weiterentwickeln lässt
- knüpft an bekannten Schul-Spielformen an und vermittelt Ideen schnell und einfach
- zeigt zur Übungsform auch Erleichterungen, Erschwerungen sowie Variationen auf
- verbindet Übungsform, Lern- und Bewegungshilfe und Regelkenntnisse
- reduziert Technik auf das Wesentliche
- bietet Möglichkeiten zur Evaluation der Spielfertigkeiten und Spielfähigkeiten an
- gibt Tipps für den Umgang mit den Spielregeln in der Schule
- macht Empfehlungen für die Auswahl von Schulmaterial

Wir hoffen, mit diesen Seiten einen Beitrag zu leisten, damit Unihockey in der Schule mit wachsendem Spielverständnis und Freude gespielt wird.

Benedikt Beutler, Kloten
Mark Wolf, Chur/Magglingen

Vielseitige Betrachtungsweisen

Unihockey ist eine sehr komplexe, dynamische Spielsportart. Um die Spielidee zu begreifen, braucht es vielseitige Betrachtungsweisen.

Emotionale Betrachtungsweise

Die Nervosität vor einem entscheidenden Spiel erleben, den Teamgeist spüren, die Freude nach einer geglückten Torhüterabwehr zeigen, ein entscheidendes Tor erzielen, ... aber auch die Enttäuschung einer Niederlage erleben.

- *Sich mit seinen Emotionen auseinander setzen und sich selber besser kennen lernen*

Motorische Betrachtungsweise

Einen Zweikampf gewinnen, einen schnellen Doppelpass spielen, kraftvolle Stop-and-go-Antritte ausführen, taktische Freistoss-Varianten spielen, spektakuläre Torhüterreflexe ausführen, ...

- *Technische Bewegungsabläufe erlernen, üben und mit taktischem Geschick erfolgreich anwenden*

Kognitive Betrachtungsweise

Die Muster eines Spieles lesen können, sich im entscheidenden Augenblick für das Richtige entscheiden, mit einem öffnenden Pass einen schnellen Konter einleiten, sich freilaufen und von einem Mitspieler angespielt werden, ...

- *Das Spiel als Ganzes verstehen (Spielverständnis) und Einfluss auf den Spielverlauf nehmen können*

Soziale Betrachtungsweise

Die eigene Schusstechnik perfektionieren, zu zweit einen Gegner umspielen, in der Gruppe eine Spielvariante einüben, im Team die Auswechslungen organisieren, ...

- *Regeln einhalten, sich gegenseitig respektieren und sich im Spiel unterstützen*

Angreifen

Alle folgenden Überlegungen für die Grundausbildung beruhen hauptsächlich auf Ballbesitz (= Offensive) der eigenen Mannschaft. Für die Schule soll in erster Linie ein torreiches Spiel mit Erfolgserlebnissen für alle angestrebt werden.

Angreifen

Der ballführende Spieler hat immer drei Möglichkeiten:

- Alleine mit dem Ball dribbeln (siehe Kapitel Ballführen)
- Mit einem Pass einen Mitspieler anspielen (siehe Kapitel Passen)
- Mit einem Schuss ein Tor erzielen (siehe Kapitel Schiessen)

Ballführen
Einen Zweikampf gewinnen

Passen
Einem Mitspieler zuspielen

Schiessen
Abschliessen und ein Tor erzielen

Spielen heisst entscheiden

Die Spielqualität wird durch die Verbesserung der Fähigkeiten und der technischen Fertigkeiten der Spieler gesteigert.
Das Entscheiden des Schülers steht im Zentrum jeder Spielsituation. Er soll lernen, im richtigen Zeitpunkt die adäquate Handlungsoption zu wählen:

- Ist der Weg frei oder kann er sich im Zweikampf durchsetzen? Er bleibt in Ballbesitz – Ballführen.
- Ist sein Mitspieler freigelaufen und gut positioniert? Er versucht ihn mit einem Pass anzuspielen – Passen.
- Befindet er sich in einer Abschlussposition? Er versucht ein Tor zu erzielen – Schiessen.

Verteidigen

Die Spieler ohne Ball (Verteidiger) versuchen die Möglichkeiten des ballführenden Spielers einzuschränken:

- Durch gezieltes Abdrängen in eine ungefährliche Zone sucht der verteidigende Spieler den Zweikampf
- Geschickte Raumaufteilung und Deckungsarbeit verhindern ein Zusammenspiel der offensiven Mannschaft
- Auf der Verteidigungslinie stehend nimmt der Verteidiger dem Angreifer die Möglichkeit zum Torschuss

Abdrängen

Der ballführende Angreifer wird in eine ungefährliche Zone (gegen die Bande oder hinters Tor) abgedrängt.

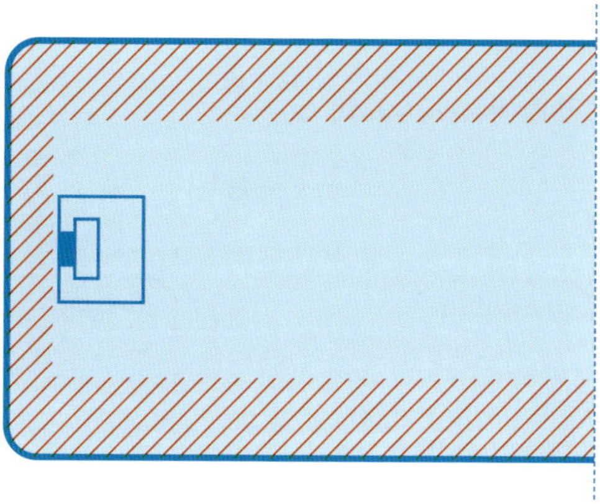

Verteidigen

Raumaufteilung und Deckungsarbeit

Bei einer geschickten Raumaufteilung werden alle Gegenspieler so abgedeckt, dass kein Zusammenspiel möglich ist.

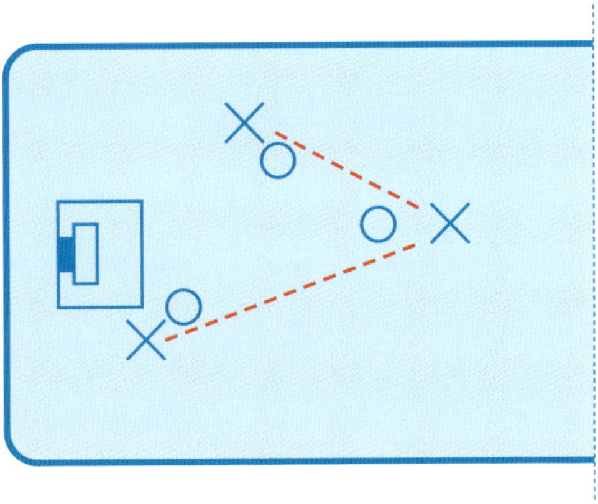

Verteidigungslinie

Der verteidigende Spieler steht «inside» zwischen dem ballführenden Angreifer und dem Tor auf einer imaginären Linie (= Verteidigungslinie).

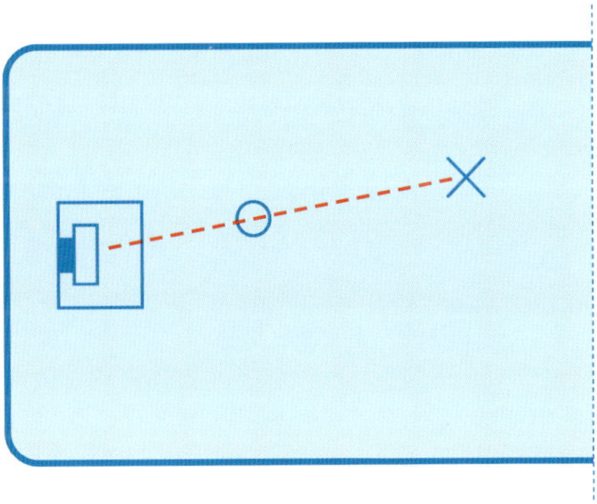

Übersicht

Ballführen

Passen

Schiessen

Spielen

In den Kapiteln **Ballführen, Passen, Schiessen** und **Spielen** befindet sich eine grosse Sammlung von Übungen. Die drei Grundelemente Ballführen, Passen und Schiessen helfen beim Aufbau der Spielfertigkeiten und tragen zu einer prozessorientierten Spielentwicklung bei. Im Kapitel Spielen werden danach die Grundelemente aufbauend ins Spiel integriert.

Technische Hinweise

Zu Beginn jedes Kapitels der Übungssammlung werden die nötigen Hinweise für die richtigen Bewegungsausführungen kurz erläutert und illustriert.
Voraussetzungen für taktische Fähigkeiten sind immer technische Fertigkeiten. In einem Spiel findet die Technik nie isoliert, sondern immer in einem taktischen Zusammenhang statt.
Die technischen Fertigkeiten werden als Mittel zur Umsetzung der eigenen Spielphilosophie verstanden.

Organisatorische Hilfen

Unter diesem Thema gibt es zu Beginn eines Übungsgebietes sinnvolle und bewährte Planungshilfen für intensiven Unterricht.

Orientierungshilfe / Niveau-Check

Die Übungssammlung der einzelnen Kapitel beginnt mit einer Übersichtsseite. Die Namen und Nummern der Übungen sind nach Niveau gegliedert aufgelistet. Die Kontrollfragen ermöglichen ein Auffinden niveaugerechter Übungen.

Übersicht

Erwerben

Anwenden

Gestalten

Übungen

Die Übungsreihen richten sich nach dem Stufenlernmodell **Erwerben – Anwenden – Gestalten** (HOTZ 2000, J+S-Kernlehrmittel, S. 24). Die nebenstehenden Signete kennzeichnen die Schwierigkeitsstufe.

Die Übungsformen können mittels Erleichtern, Erschweren und Varianten verändert werden.
Zu der Grundstufe jeder Übungsform ist ein Ziel formuliert.
Mit der Kontrollfrage wird überprüft, ob das Lernziel erreicht wurde.
Die Rubrik Lern- und Bewegungshilfe gibt Tipps zur Bewegungsausführung.
Organisatorische Anregungen, taktische Beobachtungen oder regeltechnische Hilfen finden sich unter Hinweis oder Regeln.

Lernkontrolle

Die Testformen dienen als Lernzielkontrolle für die einzelnen technischen Bewegungselemente. Sie helfen dem Unterrichtenden und dem Lernenden die Lernprozesse zu evaluieren.

Erläuterungen

Was macht Unihockey kinderleicht? Jede Ballberührung setzt diesen in Fahrt, es entsteht sofort Dynamik. Gesellt sich jemand dazu, sind bereits Voraussetzungen für ein Spiel vorhanden.
Alle können Unihockey spielen!
Was macht Unihockey schwierig? Der leichte Ball erschwert die Ballkontrolle. Da fürs Zusammenspielen Ballkontrolle und Übersicht nötig sind, erschweren aktive Gegenspieler grundsätzlich das Spiel.
Das Schwierigste ist darum, gegen aktive Gegner in Ballbesitz zu bleiben. Der Zweikampf ist beim Spiel jedoch der Normalfall und damit meist eine klare Überforderung. So ergibt sich anfangs kein gutes, attraktives Spiel!
Basis für ein gutes Spiel auf der Grundstufe (Volksschule) ist das Vermeiden von Zweikämpfen. Zentral für die Weiterentwicklung auf Stufe Verein hingegen ist das Bestehen und Dominieren von Zweikämpfen.

Übungen dem Lernniveau anpassen

Für die Schule empfiehlt sich die Unterrichtsmethode Spielen-Üben-Spielen (GAG: Ganzheitlich-Analytisch-Ganzheitlich). Um stufengerechte Fortschritte zu ermöglichen, macht das Buch bei den Übungen Vorschläge für die unterschiedlichen Lernniveaus. Aus diesen Überlegungen sind 3 Lernstufen mit steigendem Schwierigkeitsgrad entstanden.

Zum Beispiel Ballführen

Hier beispielhaft einige Erklärungen zum Thema Ballführen: «Vom Ballführen zum Zweikämpfen»

Stufe Erwerben

- Macht der Ball was ich will? – Den Ball bewegen.
- Kann ich den Blick vom Ball lösen? – Den Ball transportieren und kontrollieren.

Stufe Anwenden

- Sehe ich den freien Spielraum wo Mit- und Gegenspieler sind? – Sich orientieren.
- Kann ich freie Räume nutzen? – Den Ball weg vom Gegner halten, vorausdenken.

Stufe Gestalten

- Beherrsche ich Körpertäuschungen, Finten und technische Tricks? – Vorbereitung auf den Zweikampf.
- Kann ich einen Zweikampf gewinnen? – Sich durchsetzen, im Zweikampf bestehen.

Zentrale Orientierungshilfe um die angepasste Lernstufe zu finden, ist der Niveau-Check am Anfang des jeweiligen Übungsthemas.
Die Kontrollfragen ermöglichen ein Auffinden niveaugerechter Übungen:

- den Ball kontrollieren ist das Ziel der Stufe **Erwerben;**
- Chancen kreieren und Mitspieler einsetzen können sind Ziele der Stufe **Anwenden;**
- Tore erzielen und das Spiel dominieren sind Ziele der Stufe **Gestalten.**

Technische Hinweise

Grundstellung

Körperhaltung

- Beine hüftbreit und leicht angewinkelt
  → Gleichgewicht halten
- Schwerpunkt über den Fussballen
  → Antrittsschnelligkeit gewähren
- Hüfte leicht gebeugt
  → Stabilität und Gleichgewicht halten
- Kopf erhoben
  → Spielübersicht gewinnen

Griffhaltung

Die Art der Ballführung (einhändig oder zweihändig) ist vom Spielzweck abhängig.
Dabei kommt der Griffbreite (Abstand zwischen Griff- und Führhand) entscheidende Bedeutung zu; sie verändert die Reichweite des Stockes und bringt den Ball näher zum Körper oder weiter weg.

Weiter Griff:
- abgedeckte Ballführung
- Drehen/Dribbeln
- Schiessen/Passen Vorhandseite

Enger Griff:
- offene Ballführung
- Verteidigen
- Schiessen/Passen Rückhandseite

Einhändiger Griff:
- offene Ballführung
- schneller Lauf

Technische Hinweise

Dribbling

Das Dribbling richtet sich nach der jeweiligen Spielsituation. Der Ball wird mit der Stockschaufel so kontrolliert, dass technische Elemente (Ballabdecken, Stoppen, Drehen, Täuschen, ...) spielbezogen angewendet werden können.

Ballabdecken

Um im Ballbesitz zu bleiben, wird der Ball mit dem Körper vor dem Gegner abgedeckt: Der Körper befindet sich zwischen Gegner und Ball.

Technische Hinweise

Finten

Um einen Zweikampf zu gewinnen wird der Gegenspieler mit einer Finte getäuscht. Eine erfolgreiche Finte bedingt eine enge, sichere Ballführung mit möglichst wenig Blickkontakt zum Ball und den richtigen Abstand zum Gegner. Ein überraschender Tempowechsel im Ablauf der Bewegung ist ebenfalls hilfreich.

Körperfinte/Stockfinte

Mit der Körper- oder Stockfinte versucht der ballführende Spieler seinen Gegner zu einer Aktion zu verleiten um ihn danach zu umspielen.

Blickfinte

Mit einem bewussten Blick in die falsche Richtung versucht der Spieler sein Vorhaben zu verschleiern. Beispiel: einen Pass in die Blickrichtung vortäuschen.

Organisatorische Hilfen

Gerätegarten

Gerätegarten
Anfänger sammeln wertvolle Erfahrungen, wie man den Ball um, über und durch Hindernisse bewegen kann. Sie erlernen den Umgang mit Stock und Ball, erweitern dadurch ihr individuelles motorisches Können.

Gerätegarten zu zweit («Wer kann...?-Formen»)
Erfahrungen austauschen: Vorzeigen, Nachmachen, Herausfordern, ...
Die Schüler müssen sich mit Stock und Ball auch einem Partner anpassen lernen und Rücksicht aufeinander nehmen.

Stafettenformen

Intensive, spielnahe Übungsform mit verschiedenen Aufgaben und klar geregelter Ballübergabe (z.B. Start sobald der Ball die Startlinie/Markierung überquert hat).

Endlosübung für Balltransport

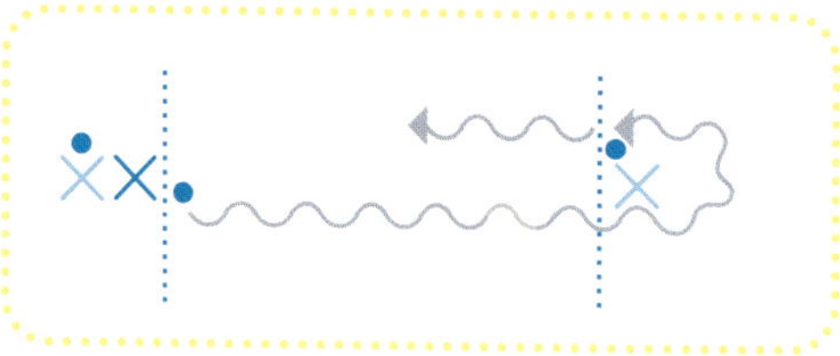

Technikparcours

Ball führen
Unterschiedliche Bewegungsaufgaben sind auf einer vorgegebenen Strecke frei auszuführen.

Hindernisse
Den Ball auf vorgegebene Weise um Gegenstände herum und über Hindernisse spielen, wobei die Art der Ballbehandlung vorgegeben ist.

Orientierungshilfe / Niveau-Check

Erwerben

Kontrollfragen

Macht der Ball was ich will?

Kann ich den Blick vom Ball lösen?

1 Materialgarten
2 Hindernisgarten
3 Hindernisparcours
4 Balancieren
5 Bleifüsse
6 Einfrieren
7 Zeitung lesen
8 Herr und Hund
9 Menschenslalom
10 Jonglieren

Anwenden

Kontrollfragen

Sehe ich Gegenspieler, Mitspieler und freie Spielräume?

Kann ich freie Räume nutzen?

11 Fruchtsalat
12 Vorrat sammeln
13 Verfolgungsjagd
14 Nest suchen
15 Tintenfisch
16 Tag und Nacht
17 Farbiger Mann
18 Gold in China holen
19 Ballschmuggel

Gestalten

Kontrollfragen

Beherrsche ich Körpertäuschungen, Finten und technische Tricks?

Kann ich einen Zweikampf gewinnen?

20 Ligadribbling
21 Zweikämpfen
22 Fintengarten
23 Täuschungslauf
24 Bullyduell
25 Kampf um den Ball
26 Ligaturnier 1:1
27 Zwei-Felder-Unihockey

1 Materialgarten

Übungsform
Alle holen aus dem Geräteraum einen Gegenstand (z.B. Reifen, Hütchen, Malstab) und stellen ihn in die Halle. Was lässt sich mit Ball und Stock an diesem Posten alles anstellen?

Erleichtern
Auch mit den Füssen

Erschweren
Auch mit dem Stock/mit der Rückhandseite

Variante
Suche neue Möglichkeiten mit einem Partner!

Ziel
Mit dem Ball umgehen lernen (Handling)

Kontrollfrage
Macht der Ball was ich will?

Lern- und Bewegungshilfe
Der Ball soll gerollt und möglichst oft mit der Schaufel berührt werden

Hinweis
- Der Ball gehört auf den Boden
- Den Stock mit beiden Händen halten

2 Hindernisgarten

Übungsform
In der Halle sind verschiedene Hindernisse (z.B. Kastenteile, Langbänke, Matten, ...) aufgestellt. Eine Schülerin zeigt ihre Ideen vor. Die andere versucht alles nachzumachen, eigene Variationen herauszufinden. Wer kann den Ball hochspielen, hineinspielen, darüberspielen, darauf legen? Gibt es eigene Kreationen?

Erleichtern
Mit einem etwas grösseren Ball spielen

Erschweren
- Dreimal nacheinander ausführen können
- Auf Anhieb ausführen können

Variante
Wettbewerb «Wetten, dass ...» untereinander ausmachen

Ziel
Zeigen was man kann, Fantasie anregen, kreativ werden

Kontrollfrage
Macht der Ball was ich will?

Lern- und Bewegungshilfe
- Das Stockende senken, um mit der Schaufel unter den Ball zu gelangen
- Einen breiten Griff verwenden

Regeln
Beim Ballheben darf der Stock nur bis Kniehöhe angehoben werden

3 Hindernisparcours

Übungsform
Die Schüler stellen selber einen Parcours auf (evtl. Material vorgeben). Vormachen, nachmachen.

Erleichtern
Mit einem grösseren oder schwereren Ball spielen

Erschweren
- Nicht auf den Ball schauen
- Den Parcours ohne Fehler absolvieren
- Den Parcours mit Zeitvorgabe durchlaufen

Variante
Hintereinander: Herr und Hund

Ziel
- Eigene Ideen präsentieren
- Auf Anhieb richtig vormachen
- Erworbenes stabilisieren

Kontrollfrage
Macht der Ball auf Anhieb was ich will?

Lern- und Bewegungshilfe
Der Ballführende muss vorausschauen, damit er den Parcours überblicken und die verschiedenen Hindernisse überwinden kann (peripheres Sehen)

Regeln
Fussspiel: Mit dem Fuss den Ball zur Stockschaufel vorlegen ist erlaubt

4 Balancieren

Übungsform
Alle Schüler mit Ball. Jeder versucht den Ball auf die Stockschaufel zu heben und zu balancieren, ohne dass er herunterfällt.

Erleichtern
Den Ball auf die quer gestellte Stockschaufel legen und balancieren

Erschweren
- Sich in alle Richtungen bewegen
- Sich mit dem Ball bewegen und den Ball beim Herunterfallen mit der Stockschaufel schnell «zudecken» (stoppen, abschirmen)

Variante
Wer transportiert den Ball in der Luft am weitesten?

Ziel
Ballgefühl fördern

Kontrollfrage
Macht der Ball auf Anhieb was ich will?

Lern- und Bewegungshilfe
Breiten Griff verwenden. Zum Anheben des Balls das Stockende unter Kniehöhe senken und mit der unteren Hand den Ball auf die Schaufel ziehen.

Regeln
Hoher Stock im Spiel: Den Ball unter Kniehöhe behalten. Die Ellbogen auf Hüfthöhe lassen (nicht anheben).

5 Bleifüsse

Übungsform

Alle Schüler mit Ball. Der Lehrer gibt Bewegungsaufgaben vor, die an Ort ausgeführt werden:

- Ball in Achterschleife um Markierkegel führen
- Ball fallen lassen und möglichst schnell unter Kontrolle zum Stillstand bringen
- Drehung um die eigene Achse ausführen (ohne den Ball zu verlieren)
- Ball auf Vorhandseite seitlich auslassen und nur mit der oberen Hand wieder beiziehen

Erleichtern

Nur auf den Ball und die Stockhaltung konzentrieren

Erschweren

Gegensatzerfahrung; auch mit «verkehrter» Stockauslage üben

Variante

Wer macht die unterschiedlichsten Dribblings in einer Minute?

Ziel

Der Ball bleibt an der Stockschaufel

Kontrollfrage

Was ist einfach (was können alle?), was ist schwieriger?

Lern- und Bewegungshilfe

Während der Demonstration des Lehrers den eigenen Stock vor dem Körper führen, damit die Bewegung des Balls wahrgenommen werden kann (peripheres Sehen)

Regeln

Bodenspiel: Beim Spielen des Balls darf ausser den Füssen höchstens ein Knie den Boden berühren. Spielen im Sitzen oder Liegen ist nicht erlaubt.

6 Einfrieren

Übungsform
Alle bewegen sich dribbelnd im Raum. Nach Pfiff bleiben sie 5 Sekunden bewegungslos («eingefroren») stehen. Auf Kommando dribbeln sie weiter.

Erleichtern
Die Konzentration ist auf den Ball und die Stockhaltung gerichtet

Erschweren
Den Blick vom Ball lösen (peripheres Sehen fördern)

Variante
Anderes Kommando (visuell, taktil)

Ziel
Ball führen

Kontrollfrage
Bleibt der Ball an der Stockschaufel?

Lern- und Bewegungshilfe
- Die Schüler müssen den Ball so führen (viele Ballberührungen), dass sie jederzeit stoppen können
- Haltung beim Dribbling: Gebeugte Gelenke, reaktionsbereit auf Fussballen und breite Griffhaltung

Regeln
Der Ball darf mit dem Fuss gestoppt und zum eigenen Stock gespielt werden

7 Zeitung lesen

Übungsform

Ein Schüler steht vor einer Wand mit dem Rücken zur Gruppe. Alle versuchen sich ihm zu nähern. Sobald sich der Schüler umdreht, müssen alle den Ball sofort stoppen. Wer zuletzt still steht, muss 5 Meter zurück. Wer kommt dem Beobachter am nächsten?

Erleichtern

- Der Zeitungsleser zählt einen «Countdown» herunter; der Ball soll bei Null stillstehen
- Die Spieler dürfen auch mit dem Fuss stoppen

Erschweren

Ein Schüler hält eine Zeitung vor dem Gesicht. Wenn er sie senkt, müssen alle ihren Ball stoppen.

Variante

Zwei Zeitungsleser

Ziel

Fördern der Koordination (ganzheitliche Wahrnehmungsschulung)

Kontrollfrage

Kann der Blick vom Ball gelöst werden?

Lern- und Bewegungshilfe

- Den Blick vom Ball lösen, um den Zeitungsleser zu beobachten
- Richtig abschätzen, bei welchem Tempo der Ball noch unter Kontrolle gehalten werden kann
- Eine breite Stockhaltung hilft, den Ball an der Stockschaufel «kleben» zu lassen

Hinweis

Den Ball beim Anpirschen lautlos führen

8 Herr und Hund

Übungsform
Zwei Spieler mit je einem Ball. Der zweite Spieler folgt dem ersten und ahmt dessen Bewegungen und Finten nach.

Erleichtern
- Laufwege vereinfachen, z.B. nur auf Linien
- Nur abgemachte Tricks erlauben

Erschweren
Mit Stopps und Drehungen, mehr Tricks und höherem Tempo

Variante
Paare können sich zeitweise an andere «andocken» und so eine Vierergruppe bilden

Ziel
Sicheres Balltransportieren

Kontrollfrage
- Bleibt der Ball an der Schaufel?
- Hält der 2. Spieler engen Kontakt zum «Herrn», ohne ihn zu stören?

Lern- und Bewegungshilfe
Bewegungstempo den Gegebenheiten anpassen

Regeln
Ballvorlage mit dem Fuss zur Schaufel ist erlaubt. Dabei darf es aber nur einen Fusskontakt mit dem Ball geben.

9 Menschenslalom

Übungsform
Eine Gruppe steht mit genügendem Abstand (2–3 m) in einer Kolonne hintereinander. Der hinterste Spieler dribbelt durch den «Menschenslalom» bis an die Spitze und bildet das nächste «Tor».

Erleichtern
Der Abstand zwischen den Spielern ist grösser (z.B. 4 m)

Erschweren
Die ganze Gruppe bewegt sich kreisförmig im leichten Trab

Variante
Bei grösseren Abständen ist es möglich, mit Täuschungen links oder rechts vorbeizugehen

Ziel
Abschirmen des Balls mit dem Körper

Kontrollfrage
Befindet sich der Körper zwischen Gegner («Slalomtor») und Ball?

Lern- und Bewegungshilfe
Den Ball zügig zur Seite ziehen und den Körper zwischen Gegner und Ball bringen

Regeln
Ball-Wegschlagen verboten!

10 Jonglieren

Übungsform
Die Spieler dribbeln frei im Raum. Auf ein Zeichen hin versuchen sie:
- den Ball auf die Schaufel zu legen und zu balancieren,
- den Ball mehrmals auf der Stockschaufel zu jonglieren,
- den Ball in die Höhe zu spielen, in der Luft abzufangen und sanft auf den Boden zu legen.

Erleichtern
- Den Ball aus der flachen Hand aufspielen um den Bewegungsablauf kennen zu lernen
- Den Stock unter der Schaufel halten und den Ball jonglieren

Erschweren
- Den Ball aufwerfen und mit der Stockschaufel auffangen
- Den Ball mit verschiedenen Teilen des Stocks jonglieren (Stockblattseite, Stockblattkante, Schaft)

Variante
Wettkampfform: Wer jongliert in einer Minute am häufigsten ohne Ballverlust?

Ziel
Gefühl für Auge-Hand-Koordination verbessern

Kontrollfrage
Gelangt der Ball auf Anhieb auf die Schaufel?

Lern- und Bewegungshilfe
Breite Griffhaltung, Knie beugen, Hand unter Kniehöhe senken, Stockschaufel flach legen, den Ball in die Höhe bewegen

Regeln
- Im Spiel darf der Ball nur unterhalb der Kniehöhe gespielt werden
- Der Unihockeyball darf nicht mit den Füssen jongliert werden; es ist lediglich ein Fusspass zur Schaufel gestattet

11 Fruchtsalat

Übungsform
Alle Spieler mit Ball ausgerüstet stehen in den vier Hallenecken. Jede Gruppe wählt einen «Fruchtnamen». Die zwei vom Lehrer aufgerufenen «Früchte» wechseln möglichst rasch die Ecke. Bei «Fruchtsalat!» wechseln alle Gruppen diagonal die Ecke.

Erleichtern
Kleinere Gruppen, grössere Zeitabstände

Erschweren
- Platzwechsel nur durch seitliches Verschieben, Blick immer zum Lehrer gerichtet
- Welche «Frucht» ist am schnellsten «angerichtet» (alle im Kreis mit Bällen in der Mitte)?

Ziel
- Den Blick vom Ball lösen
- Freien Raum sehen und nutzen

Kontrollfrage
Können Zusammenstösse vermieden werden?

Lern- und Bewegungshilfe
- Sorge tragen zum Ball (abdecken)
- Viele Ballberührungen
- Tempo anpassen

Regeln
Stockschlag verboten – keine Checks

12 Vorrat sammeln

Übungsform

Alle Unihockeybälle sind gleichmässig in zwei Kastenelementen in der Hallenmitte verteilt. Beide Gruppen starten bei ihren leeren Vorratslagern (je 5 Reifen) von der eigenen Torlinie aus und versuchen so schnell wie möglich ihre Bälle zu holen und ihre 5 Lager mit Bällen zu füllen. Pro Lauf darf jeweils nur ein Ball transportiert (Ballführen) werden. Welche Gruppe hat ihren Vorrat schneller in die Reifen umgelagert?

Erleichtern

Stafettenartig sind jeweils nur je 4 Spieler unterwegs

Erschweren

Mehrere Gruppen gleichzeitig

Variante

- Gegeneinander: Es gibt nur eine «Vorratskammer»
- Welche Gruppe sammelt in einer bestimmten Zeit den grösseren Vorrat an?

Ziel

Beim Balltransportieren vorausschauend einen freien Weg finden

Kontrollfrage

Bleibt der Ball auch beim Tempolauf an der Schaufel kleben?

Lern- und Bewegungshilfe

- Tempolauf mit und ohne Ball
- Freie Spielräume nutzen
- Zusammenstösse und Ballverlust vermeiden
- Jeder kümmert sich um seinen eigenen Ball

13 Verfolgungsjagd

Übungsform
An den vier Eckpunkten des Volleyballfeldes startet von vier Teams jeweils ein Spieler mit Ball. Kann jemand einen vor ihm laufenden Spieler überholen, bekommt die Gruppe einen Punkt. Welche Gruppe schafft mehr Punkte?

Erleichtern
Nur zwei Gruppen, Distanz vergrössern

Erschweren
Hindernisse oder Zusatzaufgaben einbauen

Variante
Die eingeholten Gruppen haben beim Neustart 3 Sekunden Vorsprung

Ziel
Der Ball bleibt auch beim Tempolauf an der Schaufel haften

Kontrollfrage
Kann beim Balltransportieren der Blick vom Ball gelöst werden?

Lern- und Bewegungshilfe
- Die Schüler sollen den freien Raum möglichst schnell überbrücken
- Den Ball beim Tempolauf mitrollen oder mitziehen ist einfacher als dribbeln
- Jeder kümmert sich um seinen eigenen Ball

14 Nest suchen

Übungsform
Die Schüler führen den Ball um die in der Halle verteilten Reifen (es gibt einen Reifen weniger als Spieler). Auf ein Zeichen hin besetzt jeder Spieler möglichst schnell einen Reifen. Je nach Zeichen führen sie den Ball um oder in den Reifen.

Erleichtern
- Es hat mehr Reifen als Schüler
- Wer stoppt seinen Ball als letzter in einem Reifen?

Erschweren
Nur visuelle Zeichen geben

Variante
Jedes Mal einen Reifen entfernen. Wer kein Nest findet, macht eine Zusatzaufgabe. Wer ist der schnellste «Nestsucher»?

Ziel
Die freien Spielräume nutzen

Kontrollfrage
Können Zusammenstösse dank genügender Übersicht vermieden werden?

Lern- und Bewegungshilfe
Peripheres Sehen: sich durch die freien Räume bewegen, orientieren und Blick vom Ball lösen

Regeln
Keine Behinderungen

15 Tintenfisch

Übungsform
Die Schüler sind in zwei Teams eingeteilt. Die einen versuchen, mit dem Ball von einer Seite auf die andere zu gelangen und so möglichst viele Läufe zu erzielen. Die anderen Klassenkameraden stehen (mit beiden Beinen) in den Reifen und versuchen, den Ball der Laufenden zu berühren oder gar wegzuspielen. Welches Team erzielt in 2 Minuten mehr Läufe?

Erleichtern
- Den Ball nur mit dem Stockschaft berühren
- Weniger Tintenfische

Erschweren
- Weniger freie Räume, mehr Tintenfische
- Die Tintenfische müssen nur mit einem Fuss in ihrem Reifen bleiben

Variante
Die Tintenfische müssen nur mit einem Fuss in ihrem Reifen bleiben, dafür aber den Ball erobern können

Ziel
Den Ball vom Gegner weghalten und mit dem Körper abdecken

Kontrollfrage
Können Zweikämpfe vermieden werden?

Lern- und Bewegungshilfe
- Lautloses Ballwegspielen
- Körper zwischen Ball und Tintenfische bringen

Regeln
Stockschlagregel beachten und einhalten

16 Tag und Nacht

Übungsform

Die Schüler stehen sich paarweise an der Mittellinie gegenüber. Dazwischen liegt ein Ball. Jeder versucht den Ball auf Kommando zu ergattern und hinter die eigene Grundlinie zu führen. Er darf dabei vom Verfolger nicht mit der Hand berührt werden.
Spiel auf 5 Punkte; erfolgreiches Ballführen ergibt 1 Punkt, erfolgreiches Berühren 1 Punkt.

Erleichtern

Kommando jeweils innert 3 Sekunden ab Bereitschaft

Erschweren

- Kommando akustisch oder visuell
- Nach dem Ballgewinn über die Grundlinie des Gegners gelangen (kein Verfolgen sondern Zweikampf)

Variante

1:1 Zweikampf: Bully in der Ecke des Volleyballfeldes. Der Verteidiger versucht den Ball hinters Tor zu bringen, während der Angreifer aufs Tor schiesst.

Ziel

Bully gewinnen mit anschliessender Ballsicherung

Kontrollfrage

Kann der Ball ohne Stockschlag ergattert, unter Kontrolle gebracht und sicher wegtransportiert werden?

Lern- und Bewegungshilfe

- Sich den Ball vorlegen statt wegschlagen
- Sofort den Ball abdecken

Regeln

Stockschlag vermeiden, nur den Ball spielen

17 Farbiger Mann

Übungsform
Die Läufer versuchen mit dem Ball am «farbigen Mann» (mit Stock, ohne Ball) vorbei auf die andere Seite zu gelangen. Wer den Ball verliert oder ihn sich stehlen (berühren) lässt, wird auch zum Fänger. Wer schafft 5 Läufe? Wie viele Läufer kann der «farbige Mann» berühren?

Erleichtern
Der «farbige Mann» darf
- sich nur seitlich auf einer Linie verschieben (Brückenwächter)
- nur in einer bestimmten Zone verteidigen (Volleyballfeld: 3m-Linie/Mittellinie)
- sich nur vorwärts bewegen

Erschweren
- Mit mehreren Fängern beginnen
- Der «farbige Mann» muss den Ball regelgerecht erobern (ohne Stockschlag)

Ziel
- Die freien Spielräume gut nutzen, Raumorientierung
- Bei Zweikämpfen den Ball gut abdecken

Kontrollfrage
Werden Zweikämpfe vermieden?

Lern- und Bewegungshilfe
- Der Ballführende soll die freien Räume nutzen und den Ball gut mit dem Körper abdecken
- Gutes Beobachten der Mitspieler ist für einen erfolgreichen Lauf hilfreich

Regeln
Der «farbige Mann» muss die Stockschlagregel einhalten

Hinweis
- Fouls sollen in der Schule selber angezeigt werden
- Der Ballführende bekommt bei Foulspiel den Ball zurück

18 Gold in China holen

Übungsform
Zwei Spieler stehen in der Hallenmitte als Wächter mit Stock auf je einer Linie («Chinesische Mauer»). Die anderen versuchen möglichst viele Läufe zur anderen Seite zu machen, sich einen Ball (Gold) zu holen und damit zu fliehen, ohne sich von den Wächtern den Ball berühren zu lassen. Das Schmuggelgut wird in einer bereit gestellten Schatzkammer (Kastenelement) deponiert. Wird ein Ball von einem Wächter berührt, muss der Räuber das «Gold» zurückbringen. Wer schafft am meisten Transporte? Welcher Wächter stoppt die meisten Schmuggler?

Erleichtern
- Wächter mit umgekehrtem Stock
- Die Schmuggler organisieren sich (absprechen)

Erschweren
- Mehr Wächter
- Wächter ohne Stock müssen nur den Spieler berühren

Variante
Rollenwechsel erst bei Balleroberung

Ziel
- Nutzen der freien Spielräume
- Zweikämpfe vermeiden

Kontrollfrage
Wer schaffte die meisten Transporte? Wessen Spielers Bälle wurden nie berührt?

Lern- und Bewegungshilfe
Die Schüler versuchen gut zu beobachten und den Ball durch den freien, unbewachten Raum zu führen

Regeln
- Die Stockschaufel des Wächters (Verteidigers) darf nur auf dem Boden Richtung Ball geschoben werden
- Sperren und Halten sind verboten

Hinweis
- Die Wächter müssen immer auf der «Chinesischen Mauer» bleiben
- Die Stockschaufel auf dem Boden immer dem Ball entgegenschieben

19 Ballschmuggel

Übungsform
Team A steht als «Zöllner» mit Stöcken in den verteilten Reifen. Team B versucht, möglichst viele Bälle auf der entgegengesetzten Hallenseite zu holen und sie ohne Verlust (Ball berühren) an den Zöllnern vorbei in ihre Zone zu schmuggeln. Welches Team erzielt in zwei Minuten mehr Punkte?

Erleichtern
Zöllner stören mit umgekehrtem Stock

Erschweren
Mehr Zöllner im Feld

Variante
Die Zöllner können durch Balleroberung ihrerseits punkten

Ziel
Nutzen des freien Raumes

Kontrollfrage
Wird der Ball gut abgeschirmt und sicher transportiert?

Lern- und Bewegungshilfe
Die Schüler müssen den Blick vom Ball lösen um den freien Raum nutzen zu können

Regeln
Stockschlag verboten

20 Ligadribbling

Übungsform
Alle Spieler dribbeln mit einem Ball in einem vorgegeben Spielfeld (NL A). Wer den Ball verliert, muss ins nächste Feld absteigen (NL B).

Erleichtern
- Andere Spieler dürfen nicht bedrängt werden
- Wer die Kontrolle über seinen Ball verliert, muss das Feld selber verlassen und absteigen

Erschweren
- 3 Felder (z.B. 1/3 Volleyballfeld NL A bis NL C)
- Neben der eigenen Ballkontrolle den anderen den Ball wegspielen

Variante
Wiederaufstieg nach erfolgreichem Wegspielen eines gegnerischen Balls

Ziel
Gutes Einsetzen des Körpers im Zweikampf

Kontrollfrage
Wer hält sich in der NL A?

Lern- und Bewegungshilfe
- Sich breit machen, um den Ball gut abzuschirmen
- Mit breitem und tiefem Stand den Ball nahe am Körper oder weit vom Gegner weg halten
- Neben der Ballkontrolle Spiel gut beobachten (peripheres Sehen)

Regeln
- Bei Stockschlag (hörbar!) selbst absteigen (Eigenverantwortung, Fairplay)
- Mit dem Stock darf nicht zwischen den Füssen des Gegners nach dem Ball gefischt werden (Stockbruch- und Sturzgefahr)

21 Zweikämpfen

Übungsform

Ohne Stock: Ein Spieler versucht nur mit seinem Körper einen Ball abzuschirmen, indem er sich immer zwischen Gegner und Ball stellt. Der Gegenspieler will den liegenden Ball mit Händen oder Füssen berühren.

Erleichtern

- Gegen langsameren Gegenspieler
- Der Angreifer versucht einen Ball links oder rechts vom Verteidiger in einen von zwei Reifen zu führen

Erschweren

Gegen einen flinken Gegenspieler

Variante

- Mit Stock: gegen links- und rechtsspielende Gegner üben
- Mit Stock in einem begrenzten Raum

Ziel

Den Ball mit dem Körper verteidigen

Kontrollfrage

Wird der Ball dennoch berührt?

Lern- und Bewegungshilfe

- Körpertäuschungen: Den Verteidiger ohne Schubsen aus dem Gleichgewicht bringen
- Als Verteidiger Distanz zum Gegnerspieler wahren, versetzt stehen, flink verschieben
- Gegenspieler wechseln

Regeln

- Kein Halten und kein Stossen dulden
- Körper- und Stockvergehen vermeiden
- Stock nicht zwischen die Beine des Gegners stellen

Hinweis

Vorsicht: Kollisions-Gefahr – Rücksichtnahme!

22 Fintengarten

Übungsform
Gerätegarten aufstellen (Malstäbe, Kasten, Reifen usw.). Der Angreifer versucht seinen supponierten Gegenspieler mit Körpertäuschungen und Finten aus dem Gleichgewicht zu bringen, um mit dem Ball am Stock an ihm vorbeizuziehen.

Erleichtern
- 1:1 Formen; mit passivem Gegenspieler, Stürmer ohne Ball
- Verteidiger mit umgekehrtem Stock gegen Stürmer mit Ball

Erschweren
- Gegen links- und rechtsspielende Gegenspieler üben

Variante
Erfolgreiche Finten gegen Links-/Rechtsausleger herausfinden

Ziel
Unterschiedliche Täuschungen ausprobieren (mit Stock, Schulter, Beinen)

Kontrollfrage
Wer wagt jedes Mal eine andere Täuschung?

Lern- und Bewegungshilfe
- Der Angreifer zieht den Ball vom Gegner weg und deckt ihn mit dem Körper ab
- Schnelle Körpertäuschungen seitwärts, rasche Tempowechsel, gutes Ballabdecken sind hilfreich
- Das Umspielen ist auch einhändig möglich
- Den Ball während der Täuschung an der Schaufel halten
- Grundsatz: Kein Zweikampf ohne Finte
- Vielseitig üben

Regeln
Kein Stürmerfoul begehen

Hinweis
Vorsicht: Zusammenstösse vermeiden – Rücksicht nehmen

23 Täuschungslauf

Übungsform

Die Halle ist quer in mehrere Felder eingeteilt. Auf deren Mittellinien liegen jeweils zwei Unihockeybälle (Abstand 5 m), dazwischen steht ein Verteidiger. Der Angreifer versucht, mittels Körpertäuschung einen Ball zu ergattern und ins Tor zu spielen.

Erleichtern

- Verteidiger mit umgekehrtem Stock
- Auf einer Seite antäuschen, auf der anderen Seite den Ball abholen
- Verteidiger startet erst bei Ballmitnahme
- Breite Torlinie (z.B. ganze Wand)

Erschweren

Aktiver Verteidiger steht ca. 2 m vor den Bällen und versucht sich vor dem Angreifer entsprechend zu verschieben

Variante

Sieger einer Serie steigen auf, Verlierer steigen ab und werden zuerst wieder zu Verteidigern

Ziel

Den Körper effizient (offensiv/defensiv) einsetzen

Kontrollfrage

Gelingt es den Ball mitzunehmen, sich durchzusetzen?

Lern- und Bewegungshilfen

Mit einer guten Täuschung kann der Angreifer einen zeitlichen Vorsprung herausholen

Regeln

Körpereinsatz regelkonform halten: Wer überspielt wurde, darf weder mit Beinen, Stock oder Armen von hinten (Beinstellen, Check, Stockschlag) wieder in den Zweikampf eingreifen
Hinweis: Penaltyregel

24 Bully-Duell

Übungsform
Zwei Spieler stehen sich an der Mittellinie gegenüber und führen auf Pfiff des Schiedsrichters ein Bully (Spieleröffnung) aus. Sieger ist, wer den Ball kontrollieren kann. Varianten: Vorhand, Rückhand, vorwärts-/rückwärts spielen, ... Wer ist nach fünf Versuchen der Gewinner?

Erleichtern
Ausführung innert 3 Sekunden ab Bereitschaft

Erschweren
Der Gegenspieler darf den Stock zuerst platzieren

Variante
Bully-König: Serie best of five, Sieger gegen Sieger, Verlierer gegen Verlierer. Wer wird Bully-König?

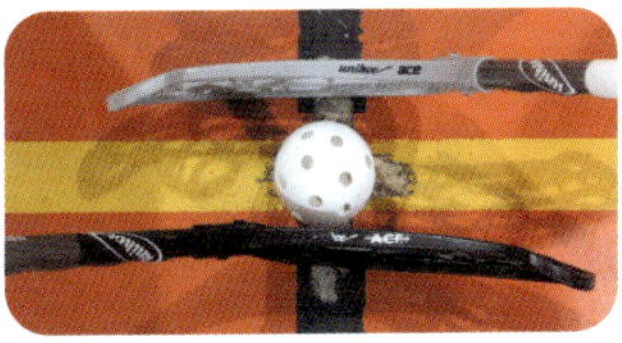

Ziel
Bullygewinn mit Ballkontrolle

Kontrollfrage
Kann ich mich durchsetzen?

Lern- und Bewegungshilfe
- Weiter Griff, damit mehr Druck auf die Schaufel ausgeübt werden kann
- Fast senkrechte Stockhaltung, um schnell am Ball zu sein

Regeln
- Jeder steht in der eigenen Zone
- Der Stock steht neben dem Ball und berührt ihn nicht
- Normalgriff wie beim Spielen
- Füsse stehen unbewegt, parallel zur Seitenlinie
- Körper- und Stockvergehen müssen geahndet werden

25 Kampf um den Ball

Übungsform
1:1: Der Lehrer spielt einen Ball in die Ecke. Wer den Ball zuerst erreicht wird Angreifer und versucht ein Tor zu erzielen. Der andere Spieler wird Verteidiger und versucht den Abschluss zu verhindern. Zeitlimite: 20 Sekunden.

Erleichtern
Verteidiger spielt mit umgekehrtem Stock

Erschweren
Angreifer wird durch Zeitlimite (10 Sek.) unter Druck gesetzt; fällt kein Tor, gewinnt der Verteidiger die Serie

Variante
Gleiches Spiel auf 2 kleine Tore (Malstäbe)

Ziel
Sich durchsetzen lernen

Kontrollfrage
- Wird der Ball rechtzeitig und gut abgeschirmt?
- Wird der Körper beim Ballabdecken regelkonform eingesetzt?

Lern- und Bewegungshilfe
- Wand, Langbank, Banden als «Mitspieler» benutzen, um den Ballbesitz zu sichern und sich vom Gegner zu lösen
- Sich vom Gegner wegbewegen
- Körpertäuschungen und Tempowechsel können nützlich sein

Regeln
- Zeitspiel: Der Ball darf nicht gegen die Wand/Bande geklemmt werden
- Körperspiel: Regelkonformer Körperkontakt nur als Drück-en mit der Schulter erlaubt; die Hände bleiben am Stock

26 Ligaturnier 1:1

Übungsform
4–6 Spielfelder quer, die nicht abgetrennt werden. Die Tore bilden Keulen. Spielzeit ist etwa 3 Minuten. Spielmodus: Der Sieger steigt ein Feld auf, der Verlierer spielt eine Liga tiefer weiter.

Erleichtern
- 4–5 eng nebeneinander gestellte Keulen bilden ein Tor
- Indirekter Torschuss zählt auch

Erschweren
Unterschiedliche Tore verlangen differenzierte Schüsse (Malstab, Kastenteil, Reifen, Kiste, Kegel, Keule, kleine Goals, ...)

Variante
Würfel entscheidet über erzielte Tore

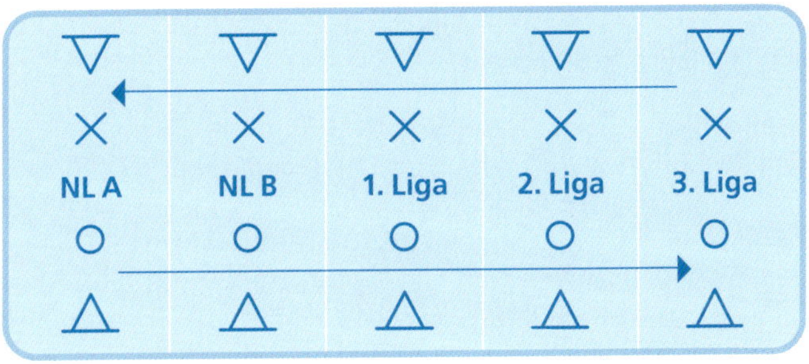

Ziel
Den Körper effizient einsetzen

Kontrollfrage
Wer setzt sich durch?

Lern- und Bewegungshilfen
- Forechecking: aufschliessen zum Gegner, ihn steuern, abdrängen
- Sich in 1:1-Situationen als Verteidiger mit den Füssen schneller als der Stürmer bewegen, um im Gleichgewicht zu bleiben
- Schnelles Reagieren auf Aktionen des Angreifers
- Schüsse sollen geblockt werden (Verteidigungslinie)

Regeln
Körpereinsatz regelkonform halten: Wer überspielt wurde, darf weder mit Beinen, Stock oder Armen von hinten (Beinstellen, Check, Stockschlag) wieder in den Zweikampf eingreifen

27 Zwei-Felder-Unihockey

Übungsform

Die Halle ist längs in 2 Felder eingeteilt. In beiden Feldern stehen viele Malstabtore. 2 Teams stellen in jeder Hälfte je 3 Angreifer bzw. Verteidiger. Punkte können erzielt werden, indem Angreifer mit dem Ball durch Tore dribbeln. Wenn das verteidigende Team den Ball erobert hat, spielt es den Ball über die Mittelachse ins gegenüberliegende Nachbarfeld, wo die Mitspieler weiter Tore erzielen. Gespielt wird mit je 1 Ball pro Feld.
Welches Team erzielt mehr Tore?
Start mit Bully. Angreifer und Verteidiger wechseln jeweils nach 2 Minuten die Rollen.

Erleichtern

Grössere Felder mit weniger Spielern auf dem Feld, mehr Tore als Verteidiger

Erschweren

- Enge Tore, nahe beieinander aufgestellt
- Halle in 4 Felder einteilen, Parteien diagonal, mit 4 Bällen, Bully auf den 4 Begrenzungslinien

Variante

Rotation in je 3 Gruppen: Angreifen – Pause – Verteidigen

Ziel

Sich geschickt durchsetzen

Kontrollfrage

- Werden auch Banden/Wände benützt?
- Wird der Ball rechtzeitig und gut abgeschirmt?
- Werden Täuschungen und Finten angewandt?

Lern- und Bewegungshilfe

Die Mitspieler freispielen, damit sie durch ein Tor dribbeln können. Alle sollen Tore erzielen können.

Regeln

Gruppeneinteilung mit Zufalls- oder Niveaumannschaften

Testformen

Bewegungsaufgabe

Der Ball wird im Slalom um sechs Markierungen (Malstäbe, Reifen, Markierkegel, …) und wieder zurück geführt.

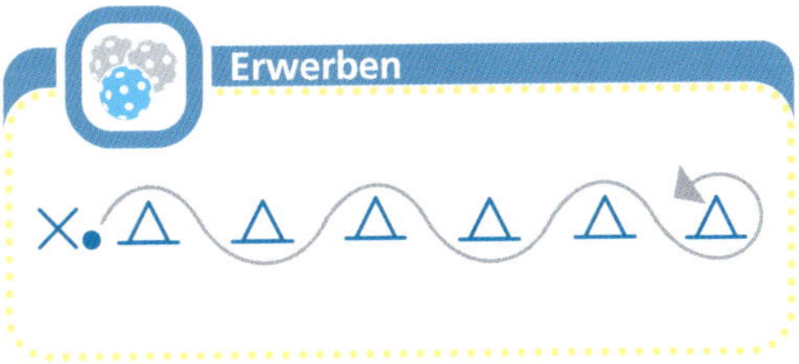

Beurteilungskriterien

- Richtzeit innerhalb der Klasse festlegen
- Ballkontrolle/Rhythmischer Bewegungsablauf

Bewegungsaufgabe

Der Ball wird im Slalom um sechs Markierungen (Malstäbe, Reifen, Markierkegel, …) und wieder zurück geführt.
Zwei Markierungen (einmal Vorhand-, einmal Rückhandseite) müssen umkreist werden.

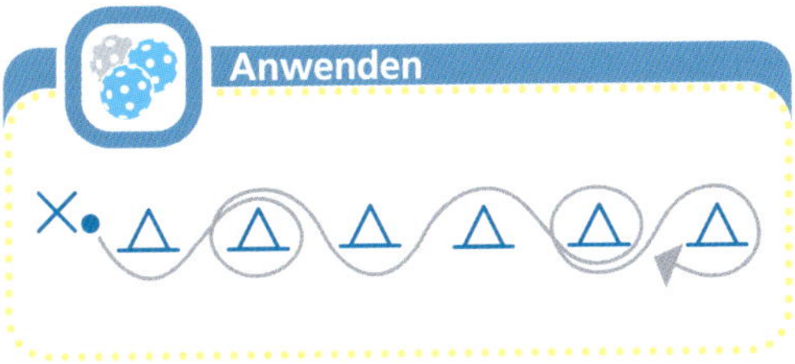

Beurteilungskriterien

- Richtzeit innerhalb der Klasse festlegen
- Ballkontrolle/Rhythmischer Bewegungsablauf

Bewegungsaufgabe

Der Ball wird im Slalom um sechs Markierungen (Malstäbe, Reifen, Markierkegel, …) und wieder zurückgeführt.
Zwei Markierungen (einmal Vorhand-, einmal Rückhandseite) müssen umkreist und drei Hindernisse (liegende Malstäbe) überspielt werden.

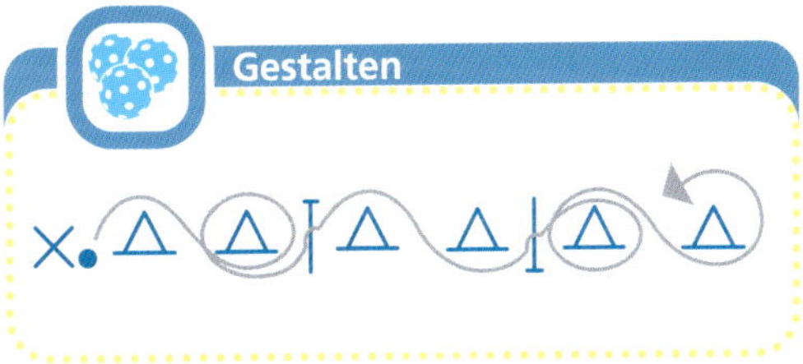

Beurteilungskriterien

- Richtzeit innerhalb der Klasse festlegen
- Ballkontrolle/Rhythmischer Bewegungsablauf

Technische Hinweise

Passspiel
Die präzise Ballabgabe und eine korrekte Ballannahme sind eng miteinander verbunden.
Die Technikübungen sind daher meist eine Kombination beider Bausteine und haben zum Ziel, ein qualitativ hochstehendes Unihockeyspiel aufzubauen.

Ballannahme: Stoppen
Durch das Abholen und Abbremsen wird der Ball angenommen und unter Kontrolle gebracht. Eine seitliche Position zum Ballweg erleichtert die Ballannahme. Bei der Ballmitnahme wird der Ball in die Bewegungsrichtung des Spielers übergeleitet.

Ballabgabe: Passen
Der Ball wird beim Passen beschleunigt und möglichst lange mit der Stockschaufel begleitet. Eine tiefe, leicht gebeugte Vorlage verhindert das Springen des Balles.

Erkennen einer Anspielstation
Um eine Anspielstation zu erkennen, muss der ballführende Spieler den Blick vom Ball lösen können (vgl. Ballführen).
So kann er den Pass im richtigen Augenblick (Timing) und mit der richtigen Technik (Passart und -stärke) seinem freien Mitspieler zuspielen.

Technische Hinweise

Freilaufen und anbieten

Ein Mitspieler kann nur einen Pass erhalten, wenn er freisteht oder sich vom Gegenspieler löst (Laufen ohne Ball) und anbietet. Mit einem kurzen Antritt, einer Täuschung oder einem Block kann er sich vom Verteidiger lösen und sich zum Ball hin oder im freien Raum anbieten.

Zusammenspiel

Das Passen ist sinnvoll, wenn sich daraus ein Vorteil für das ballbesitzende Team ergibt.
Ziele für das Zusammenspiel sind:

- in der gegnerischen Abwehr mittels Passspiel Lücken aufreissen und Räume schaffen
- mit einem schnellen Seitenwechsel eine Spielverlagerung erreichen
- Überzahlspiel kreieren und ausnützen
- schnelle Überbrückung einer Spielfeldzone (z.B. Mittelzone) oder schnelle Auslösung (erster Pass des Verteidigers) einer Angriffsaktion

Organisatorische Hilfen

Passen im Stationentraining
Mit oder ohne Verschiebungen nach dem Pass. Verschiedene Aufstellungen: Gegenüber, Viereck, Kreis, Passfabrik, …

Freilaufen und Pass annehmen
Pässe im freien Raum, Passfolge (z. B. Nummernpässe), im Schwarm, …

Endlosübungen
Rundlauf, Doppelpässe, Stafettenformen

Passübung mit Torschuss
Passreihe mit Abschluss

Spielformen mit Gegner
Schnappball-Formen, Zonenpassen, Mehrtorespiel

Orientierungshilfe / Niveau-Check

Erwerben

Kontrollfragen

Kann ich einen flachen Pass spielen?

Kann ich den Ball einem Mitspieler passen?

1 Treffer sammeln
2 Ballmaschine
3 Passfabrik
4 Sternpassen
5 Positionenpassen

Anwenden

Kontrollfragen

Finde ich einen freien Mitspieler?

Spiele ich einen genauen Pass zum richtigen Zeitpunkt?

6 Luftibus
7 Nummernpassen
8 Unionjack
9 Doppelpassen
10 Zonenpassen
11 Brennball
12 Tigerball
13 Maskenball
14 Tschechen-4-Eck
15 Schnappball mit Joker
16 Mehrtorespiel

Gestalten

Kontrollfragen

Kann ich Mitspieler einbeziehen und das Spieltempo bestimmen?

Kann ich Überzahl-situationen kreieren?

17 Bandenball
18 Königsball
19 Zonenspieler
20 Positionsspiel
21 Vorwärtsspiel
22 Freischlag

1 Treffer sammeln

Übungsform

In der Halle werden viele verschiedene Zielscheiben (Kastenelemente, umgelegte Langbänke) aufgestellt. Die Schüler bewegen sich mit einem Ball frei in der Halle und versuchen, möglichst viele Passziele zu treffen. Wer sammelt am meisten Pässe?

Erleichtern

Als Anfänger mehr mit der Vorhandseite spielen

Erschweren

Es muss abwechslungsweise ein Wandziel und ein Spielfeldziel getroffen werden

Variante

Als Partnerübung: Doppelpass via Zielscheibe spielen

Ziel

Lautlose Ballabgabe und Passannahme

Kontrollfrage

Bleibt der Ball an der Stockschaufel?

Lern- und Bewegungshilfe

- Einen stehenden oder langsam rollenden Ball mit der Stockschaufel mitnehmen
- Den Pass lange mit der Vorhand begleiten
- Beim Rückhand-Pass näher beim Ziel stehen

Regeln

Der Ball soll auf dem Boden (unter Kniehöhe) gespielt werden

2 Ballmaschine

Übungsform
Kleingruppen von 4–6 Spielern stellen sich in Kolonnen vis-à-vis eines Zuspielers auf. Einer nach dem anderen erhält von ihm einen Pass. Nach dem Rückpass stellen sich die Spieler wieder hinten an. Nach einem Umgang wird der Zuspieler ausgewechselt.

Erleichtern
Langsam vorgehen, ohne Zeitdruck

Erschweren
Als Gruppenwettbewerb: Welche Gruppe macht am schnellsten 50 Pässe?

Variante
- Mit verschiedenen Passstationen
- Hohe Zuspiele (über Langbank, Kastenelement)
- Nur direkte Pässe spielen
- Nur mit Vorhand/Rückhand spielen

Ziel
Kontrolliertes Abgeben und Annehmen des Balls

Kontrollfrage
- Wird die Stockschaufel für die Ballannahme auf dem Boden «präsentiert»?
- Schaut der Passgeber vor der Ballabgabe auf sein Ziel?
- Bleibt der Ball am Boden?

Lern- und Bewegungshilfe
Für eine gute Ballannahme, muss die Schaufel schon vor der Ballabgabe am Boden sein. Dies ermöglicht genaues Zielen und damit ein effizientes Passen: gezogener Pass.

Regeln
Nicht über Hüfthöhe ausschwingen

3 Passfabrik

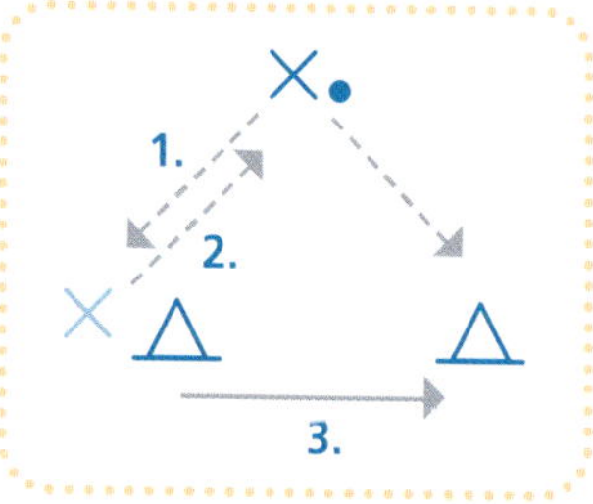

Übungsform

Zwei Spieler passen sich den Ball in einem vorgegebenen Abstand (direkt) zu. Wer schafft am meisten Pässe innert 1 Minute?

Erleichtern

Pässe auf der einen Seite immer mit der Vorhand, auf der anderen Seite immer mit der Rückhand spielen

Erschweren

Ein Spieler verschiebt sich nach jedem Pass seitlich zu einer Markierung

Variante

Ein Spieler ohne Ball steht zwischen zwei Zuspielern mit Ball. Er spielt abwechslungsweise einen Doppelpass mit seinen Zuspielern.

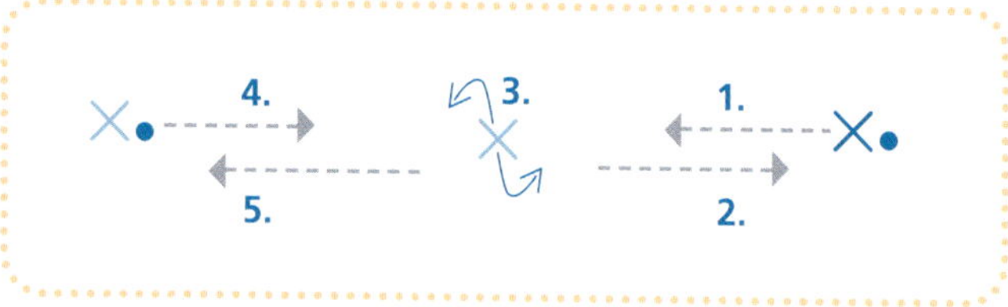

Ziel

Flache Pässe auf das Ziel spielen

Kontrollfrage

- Bleibt der Ball am Boden?
- Kommt der Ball direkt ans Ziel?
- Wird der Ball dem Partner neben den Körper auf die Stockschaufel gespielt?

Lern- und Bewegungshilfe

- Das Zuspiel auf die Stockschaufel spielen (nicht in die Füsse)
- Es ist einfacher, sich zum Ball zu bewegen als dem Ball ausweichen zu müssen
- Tempo anpassen
- Ball auf dem Boden spielen
- Kurze Ausholbewegung machen

4 Sternpassen

Übungsform
Aufstellung im Kreis, Blick nach innen (Instirnkreis).
Der Ball wird immer dem übernächsten Spieler nach rechts zugespielt.

Erleichtern
Die Schüler wissen, wohin der Ball weitergespielt werden muss

Erschweren
- Als Wettkampf: Ohne Fehler 5 Umgänge spielen können
- Mit Direktpässen spielen

Variante
- Der Passgeber läuft dem Ball hinterher auf die nächste Position
- Auf Pfiff: Richtungswechsel

Ziel
Neues Passziel anvisieren

Kontrollfrage
- Bleibt der Ball auf dem Boden?
- Wird vor dem Pass auf die Passannahme vorausgeschaut?
- Ist der Pass genau und dosiert (richtig getimt)?

Lern- und Bewegungshilfe
- Sich rechtwinklig zur Passrichtung stellen und den Ball aktiv abholen (lautlose Ballannahme)
- Bei der Ballabgabe den Ball mit beiden Händen (parallel) begleiten (den Stock schieben); die Linie zwischen den Händen zeigt zum Ziel

Hinweis
- Den Ball mit kurzer Bewegung der Arme annehmen und mit langer weiterpassen

5 Positionenpassen

Übungsform
Aufstellung gemäss Skizze. Jeder Spieler mit einem Ball. Der Ball wird im Gegenuhrzeigersinn bis vors Tor gespielt.
Nach jedem Pass läuft der Spieler dem Ball nach und wechselt den Standort. Nach dem Torschuss stellt er sich in der Kolonne A an.

Erleichtern
In Zeitlupe, Lauf- und Passwege kennen

Erschweren
Nur mit Direktpässen spielen

Variante
Passstationen verändern: B, A, D, C, E

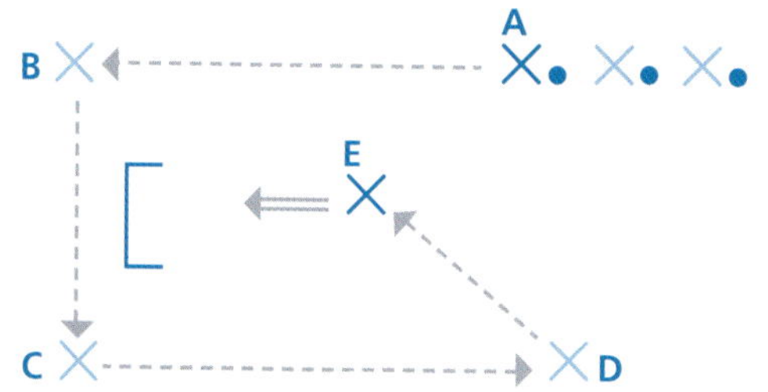

Ziel
Genaues Passen auf die Vorhandseite des Passempfängers

Kontrollfrage
- Kommen auch die langen Pässe genau an?
- Wird die Stockauslage des Passempfängers richtig angespielt?

Lern- und Bewegungshilfe
- Den Pass vor die Schaufel spielen
- Es ist hilfreicher, dem Ball entgegenzulaufen, als sich von ihm zu entfernen
- Sich anbieten, Anspielstation sein

Regeln
Bei Passannahme mit den Füssen: Es ist nur ein Fussspiel zum eigenen Stock erlaubt

6 Luftibus

Übungsform
A spielt B einen Lobpass zu, B kontrolliert den Ball.

Erleichtern
- Den Ball spätestens beim 3. Hüpfer stoppen
- Den Ball mit dem Fuss unter Kontrolle bringen

Erschweren
- Ballkontrolle nach dem ersten Aufspringen des Balls
- Der Ball darf nur einmal mit dem Fuss berührt werden

Variante
- Einander herausfordern; auf Punkte spielen (z.B. wer hat zuerst 5x gewonnen?)
- Als Gruppenspiel über eine Leine (Ball über die Schnur)

Ziel
Schnelle Kontrolle über den Ball nach Ballannahme von halbhohem Zuspiel

Kontrollfrage
Kann der hoch zugespielte Ball sofort unter Kontrolle gebracht werden?

Lern- und Bewegungshilfe
- Sich in die Flugbahn stellen, den Ball vom Körper «abtropfen» lassen
- Den Ball möglichst im Moment der Bodenberührung mit der Stockschaufel zudecken

Regeln
Hoher Stock/hoher Fuss; kein Anheben (auch des Knies) über Hüfthöhe gestattet

7 Nummernpassen

Übungsform
Die Klasse wird in Gruppen zu 4–5 Spielern eingeteilt. Jeder Spieler des Teams erhält eine Nummer. Alle laufen kreuz und quer durch die Halle und versuchen, immer der nächsten Nummer den Ball zuzuspielen. Der Ball geht von Nr. 1 zu Nr. 2 zu Nr. 3 usw.

Erleichtern
Der nächste Spieler zeigt sich jeweils stehend anspielbereit

Erschweren
- Den Ball maximal 3 Sekunden lang führen
- Den Ball direkt weiterspielen
- Mehrere Bälle

Variante
Gegner erschweren das Passspiel

Ziel
Pässe in Bewegung abgeben und annehmen

Kontrollfrage
- Werden die Pässe richtig dosiert?
- Kann der Ball lautlos angenommen werden?

Lern- und Bewegungshilfe
- Der Ball bleibt am Boden
- Sich frühzeitig zum Passgeber orientieren
- Zum Ball Sorge tragen (Ball abdecken)
- Sich neu ausrichten und freie Spielräume finden (freilaufen)

Hinweis
Pässe sind Vertrauenssache. Bei jedem Pass das Vertrauen neu rechtfertigen.
Diese Übung eignet sich sehr gut zum Einsatz auf allen Lernstufen. Entsprechend ändern sich die Kontrollfragen:
- Erwerben: Wird vorausgeschaut und gezielt abgespielt? – Kommt der Ball am richtigen Ort an?
- Gestalten: Werden die Pässe im richtigen Zeitpunkt gespielt? – Kann der Ball direkt weiter gespielt werden?

8 Unionjack

Übungsform

Im Unionjack aufstellen. Dazwischen befindet sich je ein Spieler. 2 Bälle, zu Beginn vis-à-vis, werden jeweils im Uhrzeigersinn zum Nebenspieler gepasst. Der Passgeber wechselt nach der Ballabgabe mit dem Gegenüber.

Erleichtern

Nur mit 1 Ball spielen

Erschweren

Nur zwei Ballkontakte anstreben (1. Ballannahme, 2. Ballabgabe)

Variante

- Auf akustisches Zeichen hin Richtungswechsel für den Ball
- Bei ungerader Anzahl in Kreisform spielen; nach dem Pass stehen bleiben. Kann ein Ball den anderen einholen (Sternpassen)?
- Mit nur einem Ball: Gegner stören das Passspiel

Ziel

- Flache, gut kontrollierbare Pässe spielen
- Den Ball rechtzeitig weiterpassen

Kontrollfrage

- Bleibt der Ball am Boden?
- Bleiben die beiden Bälle meistens vis-à-vis voneinander?

Lern- und Bewegungshilfe

- Tempo aus dem Pass nehmen
- Pass klar auf oder vor die Stockschaufel spielen
- Nur vor dem Stock hat es genügend Platz um den Ball schnell anzunehmen
- Den Ball bei der Ballabgabe lange begleiten

Regeln

- Ball und Stock gehören auf den Boden
- Fusspässe sind nicht erlaubt

Hinweis

- Zusammenstösse vermeiden
- Links- oder Rechtsverkehr beim Kreuzen festlegen

9 Doppelpassen

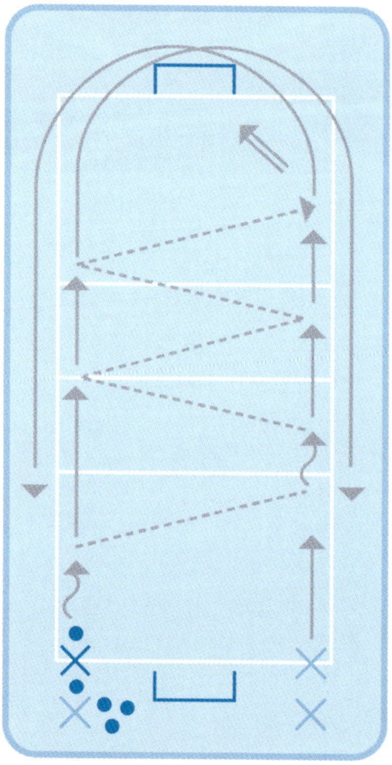

Übungsform

Zwei Spieler laufen in 4 m Abstand übers Feld und spielen sich Pässe zu. Nach einem Torschuss kehren sie entlang der Längsseiten zurück.

Erleichtern

Den Abstand auf ca. 2 m reduzieren

Erschweren

- Nur direkte Pässe spielen
- Auf dem Rückweg breite Pässe spielen (von Bande zu Bande), ohne die Angreifenden zu stören

Variante

- Zöpfeln: den Pass zum Aussenspieler spielen; dorthin laufen; kreuzen hinter dem Passempfänger, der nach innen läuft und den Ball wieder nach aussen spielt
- Auch zu dritt möglich (Criss cross)

Ziel

Pässe in Laufrichtung des Partners immer vor den Stock (mit Vorhalt) spielen

Kontrollfrage

- Wird die Stockschaufel für die Ballannahme abholbereit auf dem Boden angeboten?
- Kann der Ball möglichst oft hin und her gepasst werden?

Lern- und Bewegungshilfe

Den Ball vor die Stockschaufel des Partners spielen; nicht zwischen Schaufel und Füsse (bei Bewegung, Pass vorausspielen)

Regeln

Beim Unihockey gibt es keine Offside-Regel

10 Zonenpassen

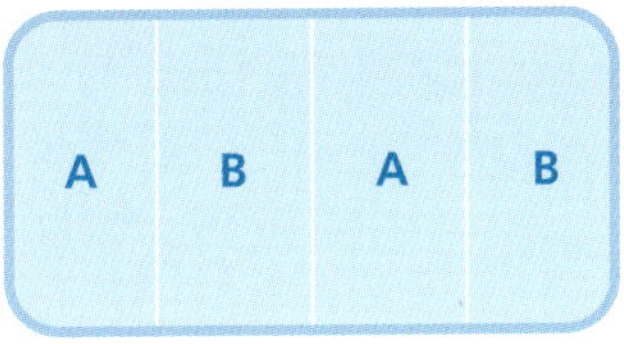

Übungsform

Die Halle ist in 4 Teile unterteilt. Team A verteilt sich in den Zonen 1 und 3, Team B in den Zonen 2 und 4. In jeder Zone wird mit einem Ball begonnen. Jedes Team erhält pro erfolgreiches Zuspiel zu einem Mitspieler in der anderen Zone einen Punkt.

Erleichtern

- Das gegnerische Team darf den Ball nicht abfangen
- Mehrere Bälle pro Zone

Erschweren

Auch hohe Pässe zulassen (erschwert das Zuspielen und Ballstoppen)
Hinweis: Hohe Pässe als Lob spielen; ist weniger gefährlich bei Kopftreffern

Variante

- Welches Team hat in einer Minute mehr erfolgreiche Pässe ins gegnerische Feld gespielt?
- Spielfeld leeren: Spiel gegeneinander bei nur 2 Spielfeldhälften quer; mit vielen Bällen. Gezielt Pässe in die freien gegnerischen Räume spielen, mit der Absicht keine Bälle mehr im eigenen Spielfeld zu haben.

Ziel

Zum richtigen Zeitpunkt in die freien Räume passen

Kontrollfrage

- Werden die freien Räume genutzt?
- Bieten sich die Mitspieler anspielbereit an?

Lern- und Bewegungshilfe

Die Schüler lernen den günstigen Moment abzuwarten, bis sie einen erfolgreichen Pass spielen können

Regeln

- Achtung: Hoher Stock, wenn der Ball mit dem Stock über Kniehöhe abgefangen wird
- Weitere Vergehen bei hohen Bällen: hohes Bein, Handspiel, hoher Ellbogen, absichtliches Kopfspiel, Aufspringen zum Ballstoppen

11 Brennball

Übungsform

Es werden zwei Teams gebildet; die Feldpartei stellt sich im Feld auf, die Laufpartei in einer Kolonne ausserhalb.

Ein Aussenspieler spielt den Ball ins Feld; er und seine Mitspieler laufen solange um die Malstäbe, bis sich die Feldspieler den Ball dreimal zugespielt und zurück ins gegnerische Goal gespielt haben. Welches Team schafft mehr Läufe in 3 Minuten?

Erleichtern

Den Ball sofort zurück zum Abschlagpunkt passen (verbrennen) und bereitlegen (= Pfiff)

Erschweren

- Die Feldspieler müssen alle den Ball gespielt haben
- Der Letzte muss den Ball durch ein bestimmtes Tor spielen (Brennball)

Variante

Verschieden lange Laufstrecken (1 Pkt., 2 Pkt., ...)

Ziel

Sich situationsgerecht verhalten: einerseits Pass in die freien Räume spielen (Laufpartei), andererseits genaue Pässe spielen (Feldpartei)

Kontrollfrage

- Werden beim Feldteam die Pässe genau und dosiert zugespielt?
- Bieten sich die Mitspieler an? (Anspielstation)

Lern- und Bewegungshilfe

Je schneller das Feldteam sich den Ball zuspielt, umso weniger Laufpunkte können gesammelt werden

Regeln

- Mit dem Ball soll nicht auf den Gegner geschossen werden (Fairplay)
- Der Ball soll im Spielfeld landen

12 Tigerball

Übungsform

In einem Kreis Überzahlspiel 4:1, 5:2, 6:2.
Der Spieler in der Mitte jagt den Ball. Die Aussenspieler passen einander zu. Bei einem Fehlpass werden die Rollen zwischen dem letzten Passgeber und dem erfolgreichen Tiger getauscht. Der erste Pass ist ein Freipass. Dribbling verboten.

Erleichtern

- Viel Platz haben, auf grossem Kreis verteilen
- Der Tiger spielt mit umgekehrtem Stock (Schaufel in der Hand)

Erschweren

- Auf engerem Kreis stehen
- Nicht zweimal hintereinander den gleichen Spieler anspielen
- Vorschrift: Der Ball muss flach gespielt werden

Variante

Der angegriffene Ballempfänger darf sich nach aussen drehen und den Ball abdecken, damit ein Mitspieler ihm zu Hilfe kommen und den Ball wieder in den Kreis spielen kann

Ziel

Den genauen Pass zum richtigen Zeitpunkt spielen, den Ballführenden unterstützen (sich anbieten)

Kontrollfrage

Werden Täuschungen, Doppelpässe und Direktspiele angewandt?

Lern- und Bewegungshilfe

- Den Ball flach halten
- Sich frühzeitig orientieren
- Sich seitwärts anbieten
- Kurze Bewegungen (Schiebeschlag) anwenden
- Genügend Raum vor dem Stock haben, um Übersicht und Bewegungsfreiheit zu behalten

Hinweis

- Sich vom Gegner weg orientieren
- Spielraum schaffen

13 Maskenball

Übungsform
Die Spieler stehen in einem Kreis. Dort liegt eine Torhüterschutzmaske, die von einem Torhüter/Spieler verteidigt wird. Mittels Täuschungen und Direktspiel versuchen die Aussenspieler die Maske mit einem Pass zu treffen. Danach wechselt man den Verteidiger aus.

Erleichtern
Einen kleinen Kasten treffen

Erschweren
Zweimal hintereinander treffen

Variante
Wettbewerb: Wie viele Versuche braucht es bis zum erstmaligen Erfolg?

Ziel
Anwendung von Direktspiel, Doppelpässen, Täuschungen

Kontrollfrage
Lässt sich der Verteidiger ohne Ballverlust ausspielen?

Lern- und Bewegungshilfe
- Den Ball flach halten
- Sich frühzeitig orientieren
- Kurze Bewegungen (Schiebeschlag) anwenden
- Genügend Raum vor der Stockschaufel haben, um Übersicht und Bewegungsfreiheit zu bewahren

Regeln
Kein Bodenspiel (nur 3 Bodenkontakte sind gleichzeitig erlaubt)

14 Tschechen-4-Eck

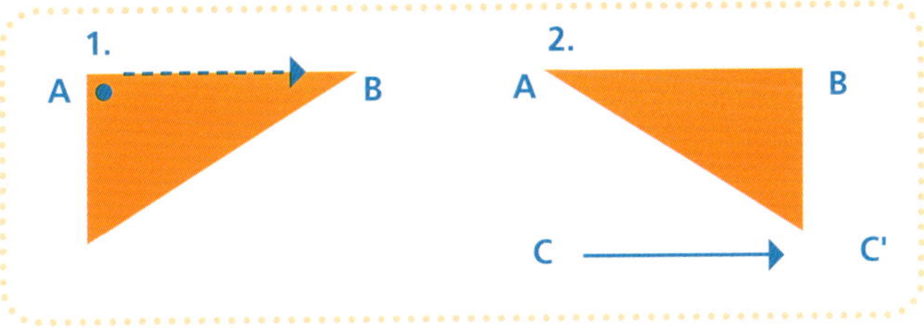

Übungsform

Es werden Dreier-Gruppen gebildet. Die drei Schüler stellen sich in einem rechtwinkligen Dreieck auf; der Ball ist beim mittleren Spieler A. A passt ihn zu B, worauf sich C so verschiebt, dass der Ball wieder rechtwinklig auf die freien Spieler A oder C′ gespielt werden kann.

Erleichtern

- Langsamer spielen; im Schritttempo üben
- Der Lehrer steht in der Mitte und unterstützt die Freilaufenden verbal. (Sie müssen aus seinem Schatten zur Seite dem Ball entgegenlaufen.)

Erschweren

- 3:1: Der Gegenspieler orientiert sich immer nach dem Ball und geht zügig auf den Ballführenden zu
- Mit höherem Tempo spielen

Variante

Tigerball 4:1 (siehe Übung Tigerball)

Ziel

Abspielmöglichkeiten erkennen/Anspielmöglichkeiten schaffen (freilaufen)

Kontrollfrage

- Bewegen sich die Spieler sofort richtig?
- Sind sie anspielbar?

Lern- und Bewegungshilfe

Im Spiel versucht man, dem Ball führenden Spieler möglichst viele Anspielstationen zu bieten. Dies geschieht durch Freilaufen und ist die wichtigste Aufgabe der Mitspieler bei der Sicherung des Ballbesitzes.
Passgeschwindigkeit an Laufwege anpassen!

Hinweis

- Den Ball flach spielen – erleichtert das Weiterleiten des Balls
- Freilaufen bedeutet in der Regel dem Ball entgegenlaufen, nicht davonlaufen

15 Schnappball mit Joker

Übungsform
Auf einem markierten Feld spielen zwei Dreier- oder Vierer-Teams gegeneinander. Der zusätzliche Joker spielt immer mit der Ball besitzenden Mannschaft zusammen. Welches Team schafft mehr Pässe ohne Fehler?

Erleichtern
Der Ball muss nicht erobert werden, eine Berührung reicht

Erschweren
Auf kleineren Feldern spielen

Variante
- Schnappball ohne Joker wird intensiver
- Mit mehreren Teams/Blocks im Wechsel üben (Erholung garantieren)

Ziel
Umstellungsfähigkeit Offensive/Defensive fördern

Kontrollfrage
- Merken die Joker sofort welches Team im Ballbesitz ist?
- Unterstützen sie den Ballführenden wirksam beim Ballhalten und Ballverteilen (sich anbieten)?
- Gelingt der Rollenwechsel nach einem Ballverlust?

Lern- und Bewegungshilfe
Es ist eine sehr intensive Spielform. Die Spieler müssen schnell von den offensiven Aufgaben des Ballhaltens zu den defensiven des Ballgewinnens umschalten.

Hinweis
Immer wieder Pausen einbauen wegen der hohen Intensität (z.B. Pause doppelt so lange wie Einsatzzeit)

16 Mehrtorespiel

Übungsform
In der Halle sind viele Malstabtore aufgestellt, 2 Teams spielen gegeneinander. Sie versuchen den Ball mit einem Pass durch ein Tor einem Mitspieler zuzupassen. Angekommene Pässe zählen als Punkte. Wer erzielt mehr Punkte?

Erleichtern
- Freilaufen, freie Räume nutzen
- Alles im Schritttempo machen
- Es hat deutlich mehr Tore als Gegenspieler auf dem Feld

Erschweren
- Es hat nur ein Tor mehr als Gegenspieler auf dem Feld
- Die Tore stehen nahe beieinander
- 2 Treffer nacheinander sind beim gleichen Tor nicht möglich
- Ballbesitz wechselt nach Torerfolg (1. Pass = Freipass)

Variante
Welches Team schafft mehr Punkte in 2 Minuten?
- Dribbling/Ballführen durch ein Tor ergibt 1 Punkt
- Doppelpässe durchs gleiche Tor zählen 2 Punkte
- Direktpässe mit nur einem Kontakt ergeben 3 Punkte

Ziel
- Chancen kreieren
- Mitspieler einbeziehen
- den nächsten Pass vorbereiten

Kontrollfrage
- Verhalten sich alle Spielenden rollengerecht?
- Werden die freien Spielräume gesehen und genutzt?

Lern- und Bewegungshilfe
Pässe über mehrere Stationen vorausplanen: Sinnvolle Anspiele an unbedrängte Mitspieler fördern

Regeln
- Stockschläge, hohen Stock vermeiden
- Die Pässe sollen nicht über Hüfthöhe gespielt werden

17 Bandenball

Übungsform

Zwei Mannschaften spielen in der ganzen Halle gegeneinander. Ein Punkt ist erzielt, wenn ein Pass via Wand (eventuell Bande) bei einem Mitspieler ankommt.
Wer schafft mehr erfolgreiche Zuspiele?

Erleichtern

- In überschaubaren Gruppen (z.B. 4:4 oder mit Joker 5:4) alles im Schritttempo üben
- Auch beim Zuschauen kann man etwas dazulernen; Einwechslung blockweise regeln

Erschweren

In Unterzahl spielen

Variante

Mit mehreren Teams: Das Team, das den Ball verliert, wird sofort ausgewechselt. Das eingewechselte Team muss zuerst den Ball erobern, bevor es punkten kann. Welches Team hat nach 10 Minuten am meisten Punkte erspielt?

Ziel

Mit Bandenpässen Gegner ausspielen können

Kontrollfrage

- Merken die Spieler, wo sie via Bande angespielt werden können?
- Reagieren die Spieler richtig beim Wechseln der Aufgaben (Offensive, Defensive)?

Lern- und Bewegungshilfe

- Bandenpass: Die Bande ist wie ein freier Mitspieler; sie bietet sich zur Weiterleitung des Balls an
- Bei Ballbesitz: Ballsicherung, freilaufen; anspielbar sein, nächste Pässe planen
- Ohne Ballbesitz: Zuordnung zu Gegenspielern machen, den Passweg abdecken, dem Ballführenden den Spielraum nehmen

Regeln

Bandenhöhe berücksichtigen: Kleinfeld 30 cm, Grossfeld 50 cm

18 Königsball

Übungsform

In jeder Ecke der Halle steht ein König (Goalie ohne Stock), dessen Feld durch eine Langbank abgegrenzt wird. Die Mannschaften in der Diagonale haben je zwei Könige, die sie anzuspielen versuchen. Die Verteidiger versuchen an den Ball zu kommen und ihrerseits die Torleute auszuspielen. Jedes erfolgreiche Anspiel des Königs ergibt einen Punkt. Spielfortsetzung erfolgt mit Bully am Anspielpunkt.

Erleichtern

- Wenig Gegner
- Kurze Einsatzzeiten
- Reduziertes Lauftempo (z.B. alle spazieren!)

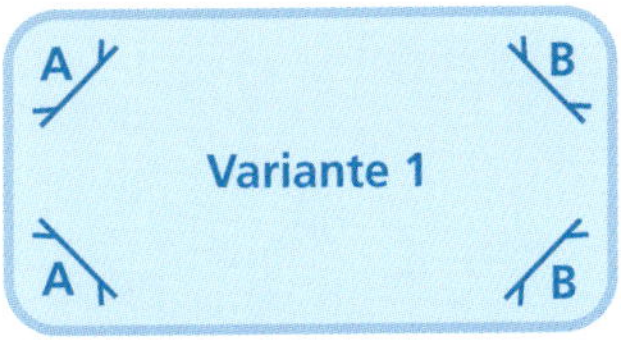

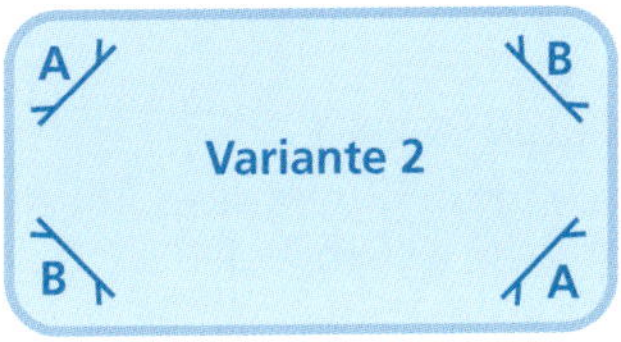

Erschweren

- Pass direkt zum König spielen
- Mit 2 Bällen gleichzeitig spielen (verlangt eine sehr gute Übersicht)

Variante

Das Team, das zwei Punkte hintereinander erzielt, kann wählen, ob es neue Gegner haben möchte oder selber eine Pause einlegt

Ziel

- Zusammenspiel fördern
- Chancen kreieren
- Räume nutzen
- Zweikämpfe vermeiden
- Hohe Zielpässe spielen

Kontrollfrage

- Können die freien Räume genutzt werden bis ein Pass zum Goalie möglich wird?
- Werden Zweikämpfe geschickt vermieden?
- Werden im Zweikampf Täuschungen, Finten und Verschleierungen angewandt?

Lern- und Bewegungshilfe

- Platz schaffen, um den Ball hoch spielen zu können
- Pässe in den freien Raum spielen
- Durch Drehung freie Seite nutzen
- Banden für Anspiele nutzen
- In der Defensive zuerst die Verteidigungslinie decken, dann den Spielraum des Angreifers mit dem Stock einengen (Stockschaufel auf dem Boden schiebt immer zum Ball)

Regeln

Zum Stoppen des Balls dürfen nur der Rumpf, die passiven Arme und die Beine eingesetzt werden

19 Zonenspieler

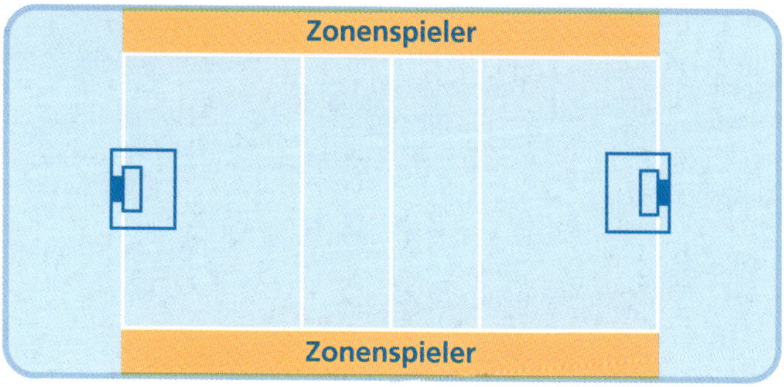

Übungsform

Auf beiden Seiten des Spielfeldes stehen neutrale Spieler in separaten Zonen, die von den übrigen Spielern nicht betreten werden dürfen. Auf dem restlichen Spielfeld wird normal 2:2/3:3 gespielt. Die Zonenspieler können als zusätzliche Mitspieler genutzt werden.
Welches Team erzielt mehr Tore?

Erleichtern

Die Seitenspieler dürfen sich als einzige überall ausserhalb des Volleyballfeldes bewegen

Erschweren

Verkleinern der Zone (z.B.: Zone nur in der Mitte)

Ziel

Nach der Ballabgabe sich sofort vom Gegenspieler lösen und wieder anspielbar sein

Kontrollfrage

Werden die Seitenspieler als Anspielstationen benutzt, um Überzahlsituationen zu schaffen?

Lern- und Bewegungshilfe

- Die Seitenspieler dürfen nicht (mittels Sperren) gedeckt werden, der Passweg schon
- Beim Verteidigen nicht dem Ball nachlaufen, sondern beim Gegenspieler bleiben und den Pass abfangen

20 Positionsspiel

Übungsform

Das Spielfeld wird in verschiedene Zonen eingeteilt. Der Torhüter darf sich nur im Torraum aufhalten, der Verteidiger in der eigenen Hälfte und der Angreifer in der gegnerischen Hälfte. Der Spielmacher (Center) darf auf dem ganzen Feld tätig sein.

Erleichtern

Fixe Partner für die Einwechslung bestimmen

Erschweren

Nach dem Ballgewinn immer zuerst auswechseln und in Ballbesitz bleiben

Variante

Zwei Angreifer und ein Verteidiger. Dadurch entsteht immer eine Überzahlsituation im Angriff.

Ziel

Die bestimmten Aufgaben im Spiel erfüllen können

Kontrollfrage

Werden alle Spieler ins Spiel einbezogen?

Lern- und Bewegungshilfe

Durch die fixen Positionen können sich die Spieler auf einzelne Aufgaben konzentrieren. Da aber noch keine Spezialisierung stattfinden soll, ist es wichtig, dass alle Spieler auf allen Positionen spielen.

Regeln

Während des Spiels muss der Feldspieler das Spielfeld zuerst mit beiden Füssen verlassen haben, bevor der Einwechselspieler das Feld betreten darf. Deshalb sind Spielerwechsel bei eigenem Ballbesitz oder bei Spielunterbrüchen von Vorteil.

21 Vorwärtsspiel

Übungsform
Bei Ballgewinn sofort den ersten Pass nach vorne spielen, um Raumgewinn zu erzielen.

Erleichtern
Im Schritttempo spielen

Erschweren
5 Pässe vor Torschuss, Ball halten

Variante
Rückwärtsspiel: 1 vorne, 2 hinten: Diese Form wird vor allem beim Kleinfeld-Unihockey angewandt, da auch die hinteren Spieler von der Mittellinie bereits das Tor treffen können. Auch gut geeignet zur Absicherung gegen das Konterspiel des Gegners.

Ziel
- Das Spiel schnell machen
- Den Gegner überspielen
- Chancen kreieren

Kontrollfrage
Sind die Mitspieler vorne sofort anspielbar?

Lern- und Bewegungshilfe
Meist sind die Seiten frei für Konterangriffe. Mitspieler können oft via Bande angespielt werden. Mit Quer- und Rückpässen in den Abschluss gelangen, falls nicht direkt aufs Goal geschossen werden kann, Ball in den eigenen Reihen halten.

Hinweis
Das Vorwärtsspielen wird vor allem auf dem Grossfeld angewandt

22 Freischlag

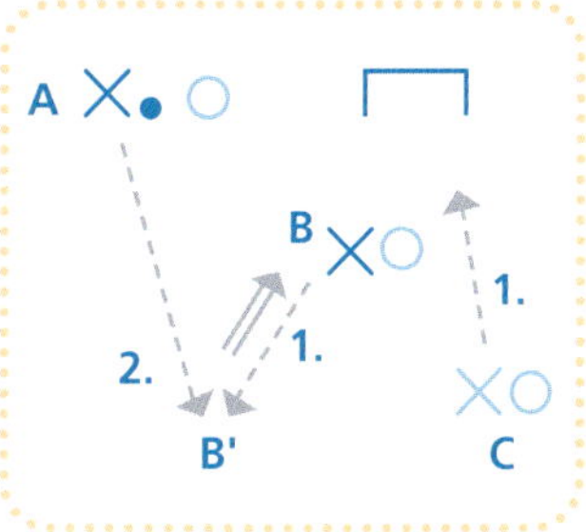

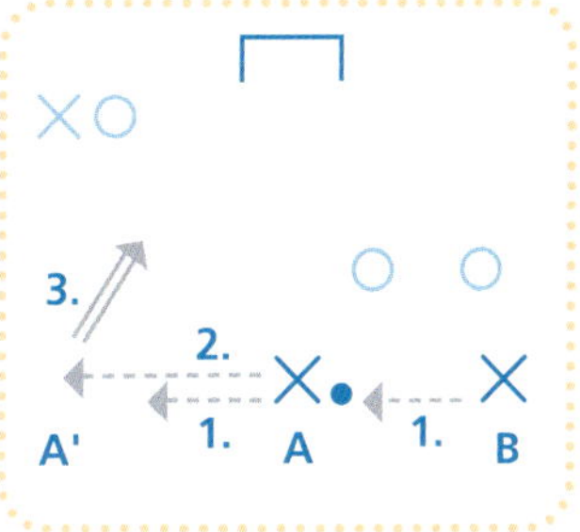

Übungsform
Freischläge entscheiden viele Spiele. Sie gehören zu den Standardsituationen und sollen mit festgelegten Aufgaben geübt werden.

Erleichtern
Standardsituationen zuerst ohne Gegenspieler einüben, dann mit 1–2 direkten Gegenspielern

Erschweren
Mehrmals mit allen 3 Gegenspielern ausführen. Präzision ist gefragt.

Variante
- Immer beachten: Linksausleger oder Rechtsausleger als Mitspieler
- Wie ist die Mauer formiert – gibt es Lücken? Wenn nicht; in welche Richtung können sich die einzelnen Gegenspieler am schnellsten bewegen?

Ziel
Grundsätzlich: Aus dem Freischlag muss ein Abschluss aufs Tor resultieren

Kontrollfrage
- Kann nach dem Pass direkt ein Tor erzielt werden?
- Waren bei der Ausführung alle rechtzeitig bereit?
- Ist der Pass präzis?
- Bleiben wir im Ballbesitz?

Regeln
- Der Ball muss spätestens 3 Sekunden nachdem er ruhig gesetzt wurde, gespielt werden
- Beim Freischlag (nur einen Kontakt!) muss der Ball mit einer Bewegung (Schiebeschlag-/Schlagschuss) ins Spiel gebracht werden (keine Ballmitnahme); Achtung: maximal hüfthohe Ausholbewegung beim Schlagschuss
- Es darf immer direkt aufs Tor geschossen werden

Hinweis
Spielstandbezogene Aspekte: Ballbesitz, Ballhalten, Tor erzielen?

Testformen allein

Bewegungsaufgabe
Doppelpassspiel via Langbank um einen Malstab. Der Ball muss hinter dem Malstab gespielt werden. 20 Pässe auf Zeit.

Beurteilungskriterien
- Richtzeit innerhalb der Klasse festlegen
- Es zählen nur Doppelpässe, die auf der richtigen Seite ankommen

Bewegungsaufgabe
Abwechslungsweise Bandenpass auf die linke resp. rechte Langbank spielen. 20 Pässe (10 pro Langbank) auf Zeit.

Beurteilungskriterien
- Richtzeit innerhalb der Klasse festlegen

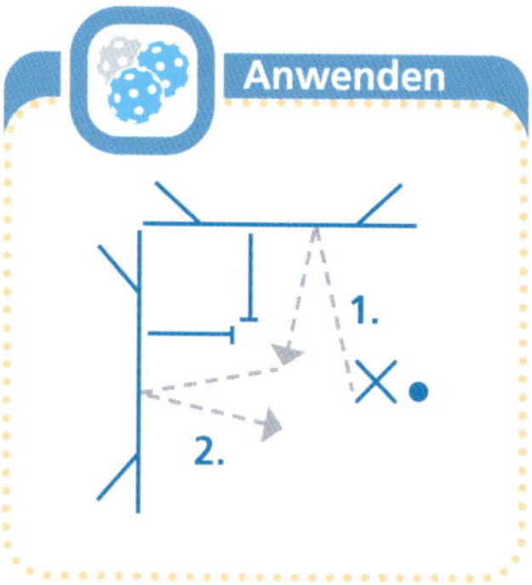

Bewegungsaufgabe
Einen Doppelpass gegen die Langbank spielen; Rückpass annehmen und sich zügig verschieben. Danach einen Doppelpass auf die andere Langbank spielen.

Beurteilungskriterien
- Richtzeit innerhalb der Klasse festlegen
- Es zählen nur Doppelpässe, die auf der richtigen Seite ankommen

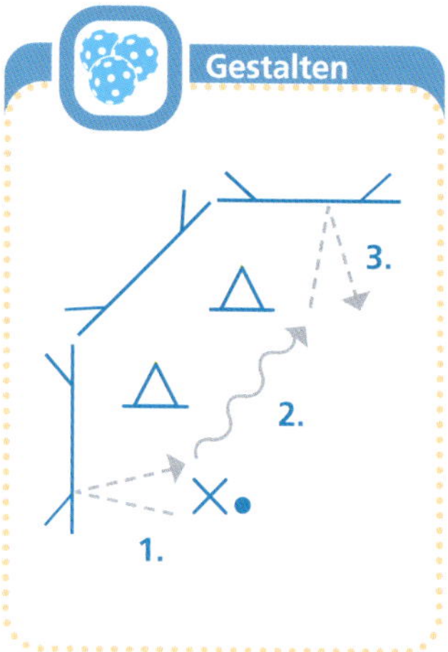

Testformen zu zweit

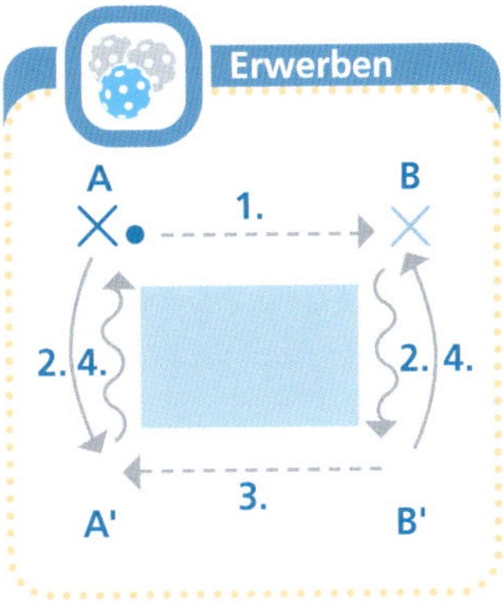

Bewegungsaufgabe

Zwei Spieler stehen sich gegenüber, dazwischen liegt eine Matte. Die Schüler passen sich den Ball so zu, dass der Ball um die Matte herum gespielt wird. 5x Vorhandseite und 5x Backhandseite (total 10 Runden) auf Zeit.

Beurteilungskriterien

- Richtzeit innerhalb der Klasse festlegen
- Der Ball darf die Matte nicht berühren

Bewegungsaufgabe

Zwei Spieler stehen sich vis-à-vis gegenüber, dazwischen liegt eine Matte. Die Schüler spielen sich den Ball mit einem Flip-Pass (Flugball) über die Matte zu. Das Stoppen mit dem Fuss/Körper ist erlaubt. 10 kontrollierte Pässe auf Zeit.

Beurteilungskriterien

- Richtzeit innerhalb der Klasse festlegen
- Der Ball darf die Matte nicht berühren

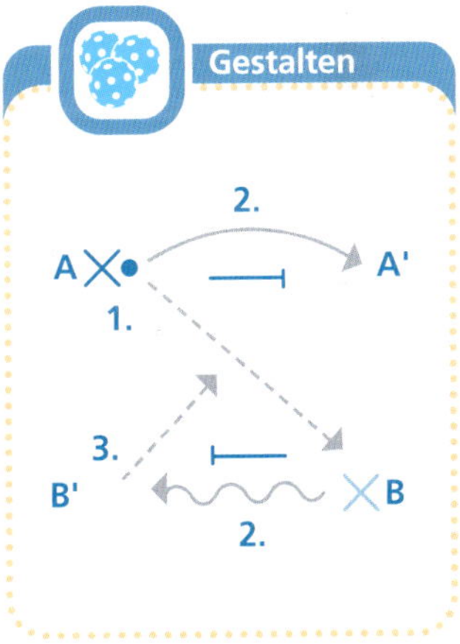

Bewegungsaufgabe

Zu zweit hinter 2 liegenden Malstäben. A spielt einen Diagonalpass (1) auf B, dieser dribbelt mit dem Ball zu B' um einen Diagonalpass auf A' zu spielen. Der Ballweg beschreibt eine 8 um die Malstäbe. Jede Seite 5x (total 10 Runden) auf Zeit.

Beurteilungskriterien

- Richtzeit innerhalb der Klasse festlegen
- Der Ball darf nicht über die Malstäbe gespielt werden

Technische Hinweise

Da die Bewegungsabläufe bei allen Schussvarianten sehr komplex und koordinativ anspruchsvoll sind, ist für das Torschusstraining relativ viel Zeit aufzuwenden. Neben den technischen Fertigkeiten bedarf es noch weiterer Fähigkeiten um ein Tor zu erzielen: Erfassen der Torschussmöglichkeit, Entscheidungsfreudigkeit, Entschlossenheit und Selbstvertrauen.

Ballabgabe

Der Torschuss lässt sich in drei Technikformen unterteilen:

Gezogener Schuss

Der Ball wird an der Schaufel geführt und die Ballabgabe erfolgt nach einer beschleunigten Bewegung.
Der gezogene Schuss ist die häufigste und präziseste Form des Schiessens.

Schiebeschlag-Schuss

Die Stockschaufel bleibt bei der Ausholbewegung und dem Ausschwingen auf dem Boden und trifft den Ball frontal.
Diese Schussart ist für die Schule sehr geeignet, da so die gefährlichen hohen Stöcke (Ausholen und Ausschwingen) und damit Verletzungen vermieden werden können.

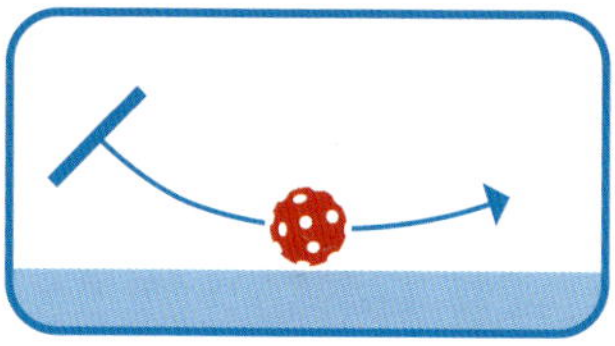

Geschlagener Schuss

Das Stockblatt trifft nach einer Ausholbewegung aus der Luft auf den Ball. Der geschlagene Schuss ist stärker, aber häufig auch ungenauer. Das Ausschwingen birgt eine grosse Verletzungsgefahr.

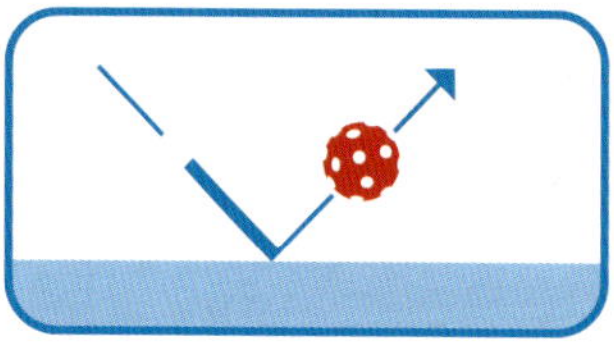

Schusshöhe

Die Schusshöhe wird durch den Anstellwinkel des Stockblattes bestimmt. Je flacher die Stockschaufel den Ball trifft, desto höher wird die Flugbahn des Balles.

Backhand

Das Schiessen mit der Rückhandseite ist ein schwieriges, technisches Element im Unihockey. Es sollte von Anfang an in der Ausbildung eingeführt und immer wieder geübt werden.

Technische Hinweise

Wahl der Schussart
Die Schüler müssen lernen, dass aus verschiedenen Positionen auch verschiedene Schussarten zum Erfolg führen. Erst die richtige Wahl der angepassten Schussart zeichnet einen torgefährlichen Spieler aus.

Erkennen einer Torschussmöglichkeit
Neben der Schusstechnik ist vor allem die Wahrnehmung und schnelles Entscheiden von grosser Bedeutung für einen Torerfolg. Dazu muss der Spieler lernen, Spielsituationen (vom Torhüter nicht abgedeckte Schusslücken im Tor) richtig zu interpretieren. Die Sichtweise des Spielers und der Schusswinkel des Balles sind unterschiedlich.

Sichtweise des Spielers

Sichtweise des Balls

Organisatorische Hilfen

Stationentraining
Ziele entlang der Wände, Zielschiessen

Skills, Bewegungstests
Einzelstationen (Werkstatt, Circuit, Parcours)

Treffspiele (Parcours)
Zielschiessen, Schiessbude, 1:1 Treffspiele

Einschiessen/Einspielübungen
Torhütertraining

Endlosformen
Läufe aus dem Balldepot (Ecke, Mitte, ...) mit Abschlussvariante

Rundlauf
Mit einem oder mehreren Abschlüssen

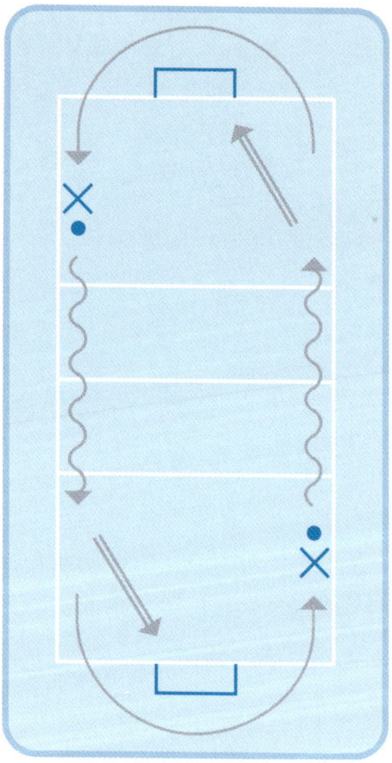

Orientierungshilfe / Niveau-Check

Erwerben

Kontrollfragen

Stimmt die Schussrichtung?

Kann ich gezielt flach oder hoch schiessen?

1 Minigolf
2 Boccia
3 Rollmops
4 Lunapark
5 Stationenparcours

Anwenden

Kontrollfragen

Kann ich aus der Bewegung schiessen?

Kann ich nach einer Passannahme schiessen?

6 Keulenschiessen
7 Rumpelstilzchen
8 Einspielübung Bogenlauf
9 Einspielübung Querpass
10 Einspielübung Rückpass
11 Reissverschluss Mittellinie
12 Reissverschluss Ecke

Gestalten

Kontrollfragen

Kann ich eine Torchance erarbeiten?

Entscheide ich mich schnell für die richtige Schussabgabe?

13 Zweite Chance
14 Treffpunkt
15 Slotkämpfer
16 Kleines Karussell
17 Penalty

1 Minigolf

Übungsform
Eine Bahn mit verschiedenen Geräten (Kastenelementen, Langbänken, ...) und Hilfsmitteln (Springseile, Hütchen, Kisten, Malstäbe, ...) wird angelegt. Mit Unihockeystock und Ball wird eine Runde nach Minigolf-Regeln gespielt. Wer braucht am wenigsten Schläge?

Erleichtern
- Je nach Fertigkeiten unterschiedliche Distanzen beim Abschlag
- Nur gewisse Bahnen vorgeben

Erschweren
- Mit Handicap spielen
- Schwierigere Bahnen benutzen

Variante
- Als Wettkampf: Mit möglichst wenig Schlägen die Runde schaffen
- Zu zweit abwechslungsweise mit nur einem gemeinsamen Ball spielen
- «First in»: Wer trifft zuerst das Ziel?
- Mit unterschiedlichen Stöcken spielen

Ziel
Erfahrungen sammeln, den Ball richtig begleiten können

Kontrollfrage
Stimmen die Richtung und Länge der Bälle?

Lern- und Bewegungshilfe
Den Ball bei Schüssen aus dem Stand lange begleiten

Regeln
Wie beim Freischlag darf der Ball auch hier nur einmal berührt werden

2 Boccia

Übungsform
Zwei Schüler spielen gegeneinander. Sie bestimmen ein Ziel und versuchen ihren Ball anzunähern.

Erleichtern
- Leichte, grosse Gegenstände verwenden (z.B. Markierhut, Reifen, grosse Bälle)
- Grössere Bälle als Spielbälle verwenden

Erschweren
- Einen rollenden Ball treffen (bewegliches Ziel)
- Aus dem Lauf auf ein Ziel treffen (mit Anlauf)

Variante
- Verschiedene Spielbälle verwenden: Unihockeyball, Handball, Tennisball, Baseball, Weitwurfball, ...
- Als Gruppenwettkampf: Unihockeyboccia

Ziel
Die Schüler können die Schussstärke anpassen (differenzieren)

Kontrollfrage
Stimmen Richtung und Länge der Bälle?

Lern- und Bewegungshilfe
Aus dem Stand den Ball richtig begleiten

Regeln
Wie beim Freischlag darf der Ball nur einmal berührt werden

3 Rollmops

Übungsform
Zwei Teams stehen sich hinter einer markierten Linie gegenüber. In der Mitte liegt ein Volleyball. Mit gezielten Flachschüssen soll der Volleyball hinter die gegnerische Linie getrieben werden.

Erleichtern
- Es liegen mehrere Bälle in der Mitte
- Es liegen grössere Bälle in der Mitte (trotzdem flach schiessen!)

Erschweren
Es liegen kleinere Bälle in der Mitte

Variante
Nach 30 Sekunden wird gezählt, wie viele Bälle in der gegnerischen Hälfte liegen

Ziel
Treffer erzielen können – stimmen Richtung und Schussstärke?

Kontrollfrage
Wie oft wird der Volleyball getroffen?

Lern- und Bewegungshilfe
- Richtige Körperhaltung (gebeugte Gelenke) einnehmen
- Den Ball in Schussrichtung lange und präzise begleiten
- Vorsicht beim Ballholen

Regeln
Hoher Stock: Die Ausholbewegung darf maximal hüfthoch sein

4 Lunapark

Übungsform
Je zwei Gruppen versuchen Keulen oder Volleybälle mit gezielten Schüssen von ihren Langbänken herunterzuschiessen. Sicherheitsaspekt: Die Langbänke stehen vor den Stirnwänden der Halle; so wird nicht ins gegnerische Feld geschossen. Welches Team ist erfolgreicher?

Erleichtern
- Leichte, grosse Gegenstände treffen (z.B. Keulen)
- Gegenstände auf den Boden stellen für Flachschüsse
- Distanz zu den Zielen verringern

Erschweren
- Kleinere Gegenstände treffen (Tennisball)
- Mehrere Gegenstände treffen
- Unterschiedlich schwere Gegenstände treffen

Variante
Nach 30 Sekunden wird gezählt, wie viele Gegenstände in der gegnerischen Hälfte liegen

Ziel
Erhöhte Ziele treffen

Kontrollfrage
Stimmt die Schusshöhe?

Lern- und Bewegungshilfe
- Für hohes Schiessen muss der Ball bei der Schussabgabe vor dem Körper sein
- Treffsicherheit mit Wettkampfformen schulen ist motivierend

Regeln
Hüfthohes Ausschwingen nur erlaubt, wenn niemand dort ist

5 Stationenparcours

Organisation

Posten der Reihe nach absolvieren. Wechsel nach bestimmter Zeit.

Material

4 Langbänke, 4 Tore, 2 kleine Tore, Bändeli, 4 Reifen, 6 kleine Hütchen, 2 Kasten, 1 halbdicke Matte, 10–20 Unihockeybälle

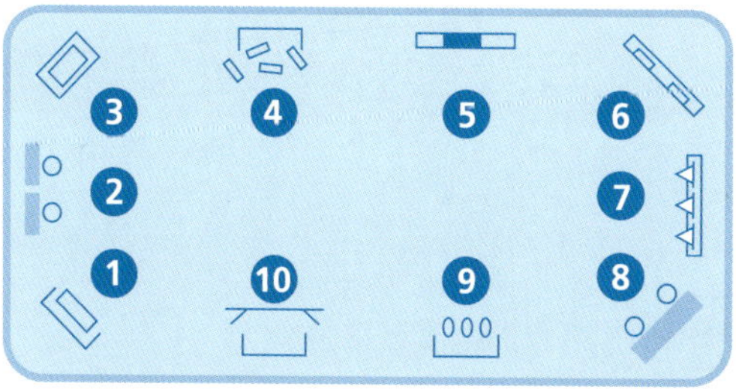

Posten		Bewegungsaufgabe, Kontrollfrage
1	Tor mit hochgestelltem Kastenelement	Wer trifft neben das hochgestellte Kastenelement ins Tor?
2	Reifen vor Matten an der Sprossenwand	Wer trifft direkt in den Reifen?
3	Kastendeckel verkehrt und ein Element	Wer kann den Ball hoch in den Deckel spielen?
4	Tor, davor 4 Kastenelemente	Wer trifft durch die schmale Lücke ins Tor?
5	Langbank mit Kastenelement quer	Wer trifft durch das Kastenelement auf der Langbank?
6	Langbank mit kleinen Toren	Wer trifft in die kleinen Tore?
7	Langbank mit 3 umgekehrten Markierkegeln	Wer schiesst mehr Kegel von der Bank?
8	Halbdicke Matte mit Reifen	Wer trifft mehrmals hintereinander in die Reifen?
9	Tor mit Bändeli in 3 Teile unterteilt	Wer trifft in die Torecken?
10	Langbank vor dem Tor	Wer trifft nach Schuss gegen die Langbank direkt ins Tor?

Ziel

Treffsicherheit verbessern, vielfältig Schüsse üben

Variante

- Mit Vollzügen: Wenn man die angegebene Zahl erreicht hat, geht man zum nächsten Posten
- Tagesrekord eintragen
- Als Wettbewerb: 1:1; Sieger nach 5 Schüssen bekommt 1 Punkt

6 Keulenschiessen

Übungsform

Alle stellen in der Halle eine Keule auf. Es wird mit 3–4 Bällen gespielt. Jeder versucht, die eigene Keule zu schützen und gleichzeitig die anderen umzuschiessen. Wird die eigene Keule getroffen, hat man eine Zusatzaufgabe zu erfüllen (z.B. 1 Runde ums Feld rennen oder einen ausgelegten Hütchenslalom mit bereit gelegtem Ball durchlaufen).

Erleichtern

- 2 Spieler verteidigen 1 Keule
- Mit grösseren Bällen spielen

Erschweren

5–10 Bälle im Spiel

Variante

Wer statt der Keule einen Gegenspieler trifft, löst eine Zusatzaufgabe und kann darum seine Keule nicht mehr schützen

Ziel

- Defensive und offensive Aufgabe erfüllen
- Risiko zwischen Angreifen und Verteidigen selber einschätzen lernen

Kontrollfrage

Werden die richtigen Ziele ausgewählt und auch getroffen?

Lern- und Bewegungshilfe

Bewusste Ziele anvisieren: Schiessen aus dem Laufen mit langer Zug-/Begleitphase

Regeln

Fairplay: Nicht auf Gegenspieler schiessen!

7 Rumpelstilzchen

Übungsform
Einige Spieler sind mit einem Ball ausgerüstet und versuchen die anderen an den Schuhen zu treffen (flach schiessen!). Wer getroffen wird, löst eine Zusatzaufgabe (z.B. Technikposten, Fitnessaufgabe).

Erleichtern
- Weniger Bälle im Spiel
- Mit grösseren Bällen

Erschweren
Der Ball soll nach dem Schuss nicht verloren gehen

Variante
- Teamwettkampf auf Zeit: Jäger (mit Ball) gegen Hasen (ohne Ball); Treffer zählen
- Rundum-Völkerball mit 2–4 Bällen: Wer getroffen wird, wechselt ins Aussenfeld; wer trifft ins Innenfeld. Welches Feld kann zuerst geleert werden?

Ziel
Viele Treffer anbringen und selbst nicht getroffen werden

Kontrollfrage
Wer hat am Schluss eine positive Bilanz?

Lern- und Bewegungshilfe
- Schussabgabe aus dem Ballführen (gezogener Schuss), auch mit der Rückhandseite
- Keine Ausholbewegung nötig (Stock gehört auf den Boden)

Regeln
Ohne Stockschläge!

8 Einspielübung Bogenlauf

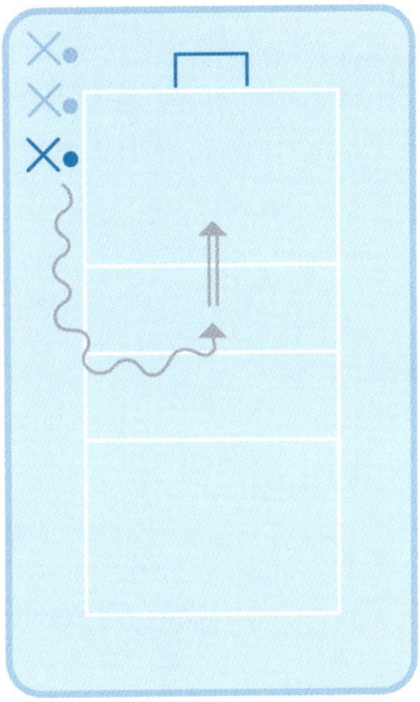

Übungsform
Die Schüler führen ihren Ball einzeln aus der Hallenecke in einem Bogen um den Mittelkreis herum zurück Richtung Tor. Aus der Bewegung versuchen sie mit einem gezogenen Schuss ins Tor zu treffen.

Erleichtern
Den Ball auf die Matte vors Tor spielen

Erschweren
- Abschluss aus der Mittelzone des Volleyballfeldes (Distanz 6–9 m)
- Gezogener Schuss aus dem Lauf direkt ins Tor

Variante
Ohne Torhüter: Im Schutzraum liegt eine Matte. Der Spieler läuft nach dem Schuss vor die Matte, stoppt den nächsten Ball technisch korrekt und dribbelt damit zum Neustart wieder zur Ecke.
Ein Torhüter steht auf der Matte vor dem Tor (sein Schutzraum). Er fängt die zugespielten Bälle mit beiden Händen und rollt sie dem Schützen wieder seitlich zu.

Ziel und Kontrollfrage
Regelmässiges Treffen des Tores mit einem gezogenen Schuss in Bewegung

Lern- und Bewegungshilfe
- Schussabgabe vor dem Körper, den Ball lange zum Ziel begleiten
- Den Ball präzis ins Ziel spielen (Lobball!)
- Schussstärke verbessern

Regeln
Der Schutzraum gehört dem Torhüter und ist für alle Feldspieler tabu. Bei einem Regelverstoss eines Angreifers gibt es einen Freischlag (Abstoss), bei der Abwehr eines Verteidigers hingegen einen Penalty.

9 Einspielübung Querpass

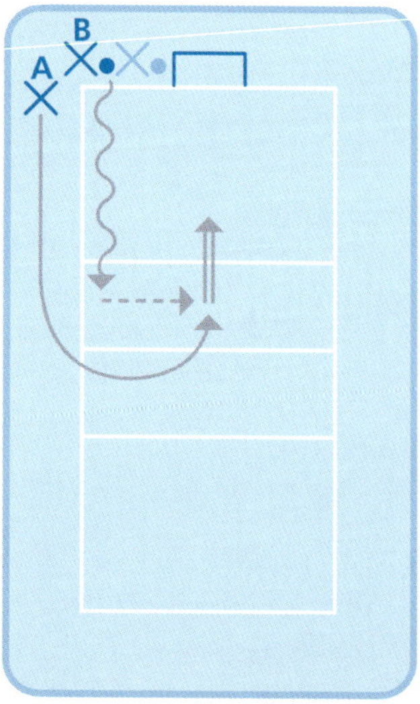

Übungsform

Die Spieler stehen in der Ecke in Einerkolonne bereit. Alle haben einen Ball, ausser Spieler A, der ohne Ball startet und als erster angespielt wird. Spieler B folgt mit Ball nach und passt quer zum Mitspieler A in der Mittelzone. A schiesst aufs Tor, schliesst wieder an seine Kolonne an und wird zum Passgeber. Schussabgabe aus der Mittelzone aus mindestens 7 m Entfernung.

Erleichtern

Ball auf die Matte vors Tor «heben» (Lob)

Erschweren

- Erhöhtes Tempo, Passabgabe auch mit Rückhandseite üben
- Schuss aus der Mittelzone des Volleyballfeldes (Distanz 6–9 m)
- Der Torhüter zeigt an, wo er den Ball fangen will

Variante

Endlosübung ohne Torhüter: Vor dem Goal liegt eine Matte über dem Schutzraum. Nach dem Schuss (Pass) auf die Matte den nächsten Ball technisch korrekt stoppen und damit wieder in die Ecke dribbeln. Neustart.

Ziel

- Aus der Bewegung: Ziele sehen und bewusst anvisieren können
- Einen Ball mit dem gezogenen Schuss gezielt hoch ins Tor schiessen können

Kontrollfrage

- Kommt der Ball hoch aufs Tor?
- Angepasste Schussstärke; kann der Torhüter den Ball mit beiden Händen fangen?

Lern- und Bewegungshilfe

- Pässe rechtzeitig vor den Stock und angepasst zuspielen
- Lautlose Ballannahme anstreben
- Vor dem Schuss den Blick zum Torhüter richten

Hinweis

Um Stau in der Endlosübung zu vermeiden, soll auf das Schiessen aus kurzer Distanz (näher als 6 m) verzichtet und der Ball direkt zur Ecke geführt werden

10 Einspielübung Rückpass

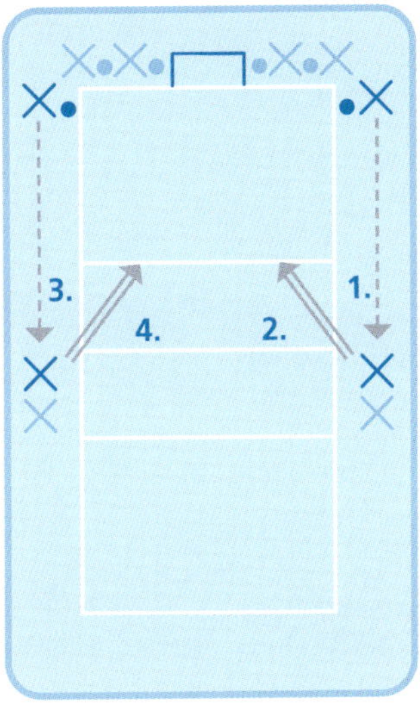

Übungsform

Die Bälle liegen in den 4 Hallenecken mit je einem Passgeber. Je zwei Spieler pro Ecke warten auf der Mittellinie auf den Pass aus der Spielfeldecke. Der Rückpass soll mit einem Schlagschuss von ausserhalb des Volleyballfeldes direkt ins Tor befördert werden. Nach dem Schuss Rollenwechsel mit dem Zuspieler.

Erleichtern

- Den langsamen Rückpass annehmen und schiessen
- Bei ungenauen Pässen (im Volleyballfeld) den Ball an- und mitnehmen, quer vors Tor laufen, und aus einer schnellen Seitwärtsbewegung einen scharf gezogenen Schuss anbringen

Erschweren

Trotz starkem Rückpass den Ball genau ins Tor treffen

Variante

Wettbewerb: Abwechslungsweise Schuss von linker, von rechter Seite. Welche Seite hat zuerst 3 Tore gegen den gegnerischen Torhüter erzielt?

Ziel

- Tor mit Direktschuss von der Mittellinie aus treffen
- Direktschüsse von der Mittelzone wagen

Kontrollfrage

Wird das Tor mit Direktschüssen getroffen?

Lern- und Bewegungshilfe

- Gute Schüsse aus der Mittelzone sind sehr effektiv und überraschen häufig die Abwehr
- Rückpässe aus den Ecken sollen im Spiel unbedingt entlang den Wänden zur Mittellinie gespielt werden. Damit der Gegenspieler diese nicht unterbinden kann, müssen sie ausserhalb des Volleyballfeldes gespielt werden.

Hinweis

- Der Torhüter zeigt an, von welcher Seite gepasst und geschossen wird
- Wenn der Torhüter aufsteht, das Tor verlässt, wird die Übung sofort unterbrochen

11 Reissverschluss Mittellinie

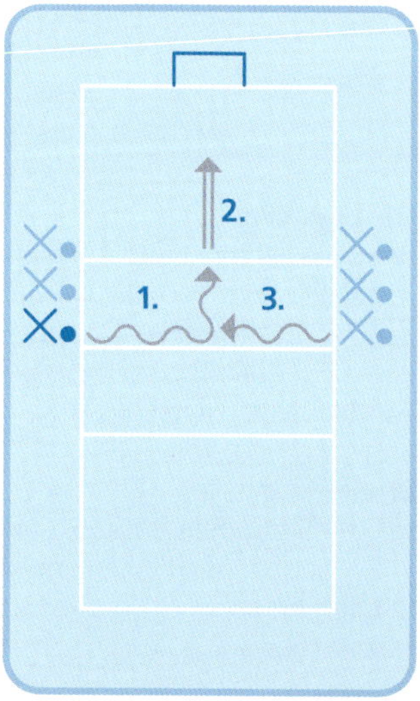

Übungsform

Schusstraining aus dem Halbfeld aufs Tor mit Start in der Hallenmitte. Die Bälle liegen an den Seitenwänden bereit.
Grundform von Reissverschluss Mitte: Es startet abwechslungsweise einer von links, dann einer von rechts, läuft durch den Mittelkreis und schiesst aus dem Lauf (aus dem Volleyballfeld) aufs Tor.

Ziel

- Spieler: Torschuss aus unterschiedlicher Richtung und mit unterschiedlichen Schussarten
- Torhüter: Schüsse aus unterschiedlichen Winkeln abwehren

Kontrollfrage

- Wird das Tor aus unterschiedlichen Richtungen beschossen?
- Werden unterschiedliche Schussarten angewandt?
- Wie wird der Torhüter bezwungen?
- Richtet sich der Torhüter nach dem Ball aus?
- Verkleinert der Torhüter sinnvoll den Winkel?

Hinweis

- Langsam beginnen und sinnvolle Abstände einhalten
- Es darf immer nur ein Ball nach dem anderen aufs Tor fliegen
- Der Torhüter muss genügend Zeit haben, den Ball zu halten und wieder auszuwerfen
- Intensive Trainingsform für Torhüter

12 Reissverschluss Ecke

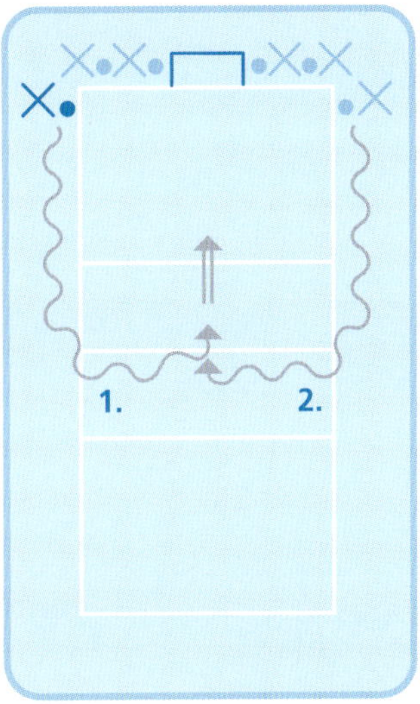

Übungsform

Schusstraining aus dem Volleyballfeld aufs Tor. Die Bälle liegen auf beiden Seiten der Tore. Die Übung startet in der Ecke. Reissverschluss: Es startet abwechslungsweise einer von links, dann einer von rechts, führt den Ball um den Mittelkreis und schiesst aufs Tor.

Erschweren

- Abschluss nach weitem Pass aus der Gegenseite diagonal
- dito mit 2.Pass aus der eigenen Ecke (Ablenken ins Goal)
- Abschluss nach Pass von der Seite (Querpass)

Ziel

- Gezielte Schüsse aus dem Laufen
- Den freien Weg wählen, da mehrere Spieler mit Ball unterwegs sind

Kontrollfrage

Kann die Übung ohne Zusammenstösse und ohne Unterbrüche absolviert werden?

Hinweis

- Der nächste startet, sobald der vordere Spieler die Mittellinie überquert hat
- Diagonal-Pässe kommen im Spiel selten an. Der Gegner kann sie bei normaler Zuordnung meist abfangen. Sie leiten sehr gefährliche Gegenstösse ein und führen häufig zu Gegentreffern!

13 Zweite Chance

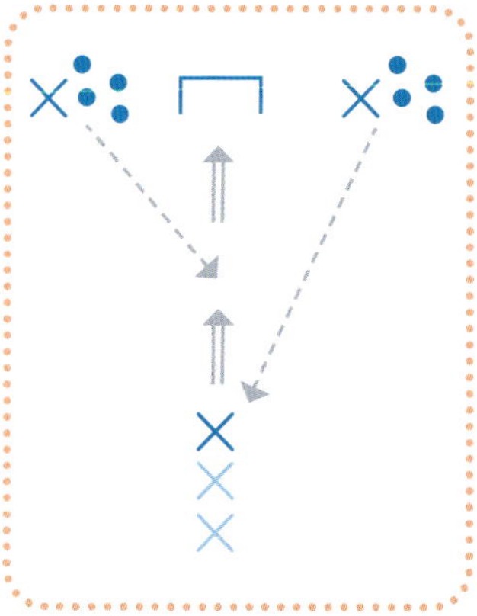

Übungsform

Schusstraining aufs Tor. Der Angreifer startet von der Mittellinie, je ein Aussenspieler steht beim Bullypunkt auf der Grundlinie. Beide haben einen Ball. Ein erster Pass kommt in die Mitte vors Tor und der Spieler versucht den Ball direkt ins Tor zu schiessen. Anschliessend muss das zweite Zuspiel «verwertet» werden.

Erleichtern

- Sanfte Pässe
- Langsamere Aktionen

Erschweren

Wettkampftempo

Ziel

- Schnelle Neuorientierung nach Torschuss
- Bereit sein für eine zweite Chance

Kontrollfrage

Bietet sich der Spieler aktiv an und trifft er ins Tor?

Lern- und Bewegungshilfe

- Bei einem seitlichen Schussversuch soll man beim entfernten Pfosten anspielbar sein
- Richtige Schussart wählen: aus der Distanz geschlagen oder gezogen; aus der Nähe kurze Ausholbewegung oder schieben

Regeln

Der Schutzraum gehört dem Torhüter

14 Treffpunkt

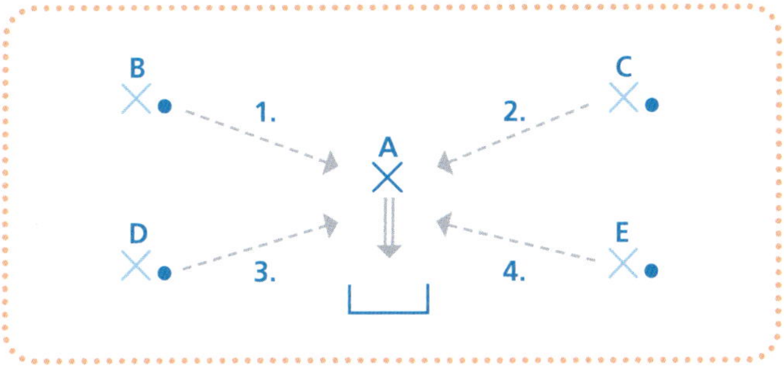

Übungsform

Schusstraining aufs Tor. Spieler A steht zentral vor dem Tor (5 m vor dem Torhüter). Er wird von den Spielern B, C, D, E abwechslungsweise mit Pässen bedient. Er verwandelt sie in Torschüsse.

Erleichtern

Pro Abschluss 3 Sekunden Zeit geben

Erschweren

- Direkt schiessen und Abpraller verwerten
- Ungenaue Zuspiele trotzdem in Torabschlüsse umwandeln

Variante

Zusammenspielen ist erlaubt. Wie lange dauert es bis alle 4 Bälle im Tor liegen?

Ziel

Den Pass annehmen und sofort gezielt schiessen

Kontrollfrage

- Wird das Tor erzielt?
- Zielt der Schütze vor dem Schuss auf die vorhandenen Lücken?

Lern- und Bewegungshilfe

- Bei Ballannahme aus dem Rückraum (von C und B) Drehschuss anwenden
- Möglichst mit Vorhandseite schiessen

15 Slotkämpfer

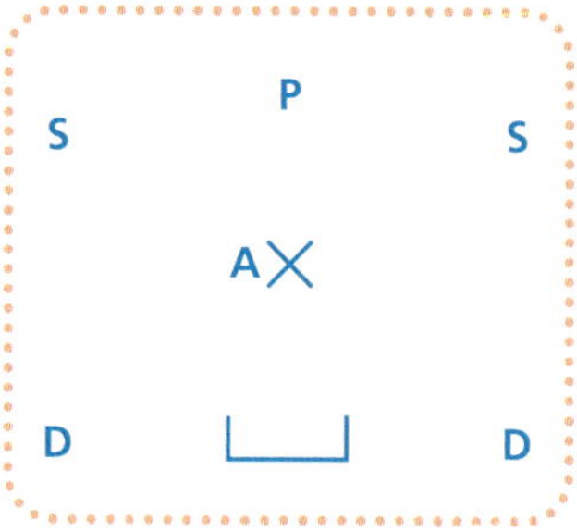

Übungsform

Schusstraining aufs Tor. Spieler A steht zentral vor dem Tor. Er holt sich jeweils einen Ball an den bezeichneten Positionen (S, D, P). Aus den S-Positionen schiesst er direkt aufs Tor, während er es von den D-Stellen aus mit einem Dribbling versucht. Zum Schluss wartet noch ein Penalty auf ihn.

Erleichtern

Anfangs erst 2 Stationen miteinander verbinden, später mehrere

Erschweren

- Schiessen bis der Ball im Tor landet
- Bei jedem Schuss unterschiedliche Schussart anwenden

Variante

Wie viele Tore können in maximal 20 Sekunden erzielt werden?

Ziel

- Aus 5 Versuchen 5 Tore erzielen
- Konzentration behalten

Regeln

Penaltyregeln anwenden: Nur 1 Abschluss pro Ball, Nachschuss nicht erlaubt

Kontrollfrage

Bleibt der Spieler auch bei anfänglichem Misserfolg konzentriert?

16 Kleines Karussell

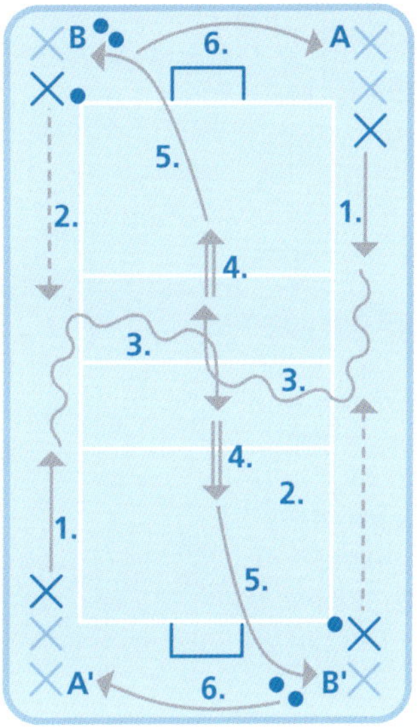

Übungsform

Die Übung läuft im Uhrzeigersinn ab. Die Schülergruppen (B, B') stehen mit Bällen in 2 Ecken der Halle bereit, die Gruppen A, A' ohne Bälle. Spieler A läuft Richtung Mittellinie und erhält einen Pass von B'. Nach der Ballannahme läuft er in einem Bogen gegen das Tor und schiesst. Dann wechselt er in die andere Ecke neben dem Tor, wo er sich wieder mit Ball als Passgeber B bereit macht. B wechselt nach der Passabgabe wieder zu A. Dasselbe spielt sich auf der gegenüberliegenden Hälfte ab. Nach einer gewissen Zeit Bälle in die andere Ecke legen und Übung von dieser Seite her ausführen.

Erleichtern

Die ganze Bewegung im Schritttempo ausführen

Erschweren

Bei Passannahme Direktschuss anbringen oder nach dem Ballführen gezielt den Abschluss suchen

Variante

Abpraller ergattern und dem folgenden Spieler als zweite Chance zuspielen

Ziel

Gezielter Schuss: Den Schuss aus der Bewegung gezielt spielen

Kontrollfrage

Wurde vor dem Schuss geschaut und gezielt?

Lern- und Bewegungshilfe

- Gut mit der Schaufel anzeigen, wo der Pass hinkommen soll
- Zur Überraschung des Torhüters früh schiessen und Abpraller verwerten

Regeln

- Der Schutzraum darf nicht betreten werden
- Mit dem Stock darf nicht gegen den Torhüter gestochert werden

Hinweis

Keine Diagonalpässe üben, denn sie werden im Spiel von inside spielenden Gegenspielern abgefangen

17 Penalty

Übungsform

Schussübungen aufs Tor. Die Übung beginnt mit Pfiff des Lehrers in der Mitte beim Anspielpunkt. Der Ball muss immer vorwärts getrieben und mit verschiedenen Techniken – gezogen, kurz gezogen (Handgelenk), Rückhand – geschossen werden.

Erleichtern

Ein Penalty kann auch mit langsamen Bewegungen ausgeführt werden

Erschweren

Unter Druck, z.B. als Wettkampf

Variante

Penalty-König: Wer Erfolg hat, darf weitermachen. Wer schiesst die meisten Penaltygoals? Die anderen bekommen einen Zusatzjob (Abräumen, Fitnessübungen, ...).

Ziel

- Eigene Tricks anwenden
- Auf Torhüter reagieren

Kontrollfrage

Beherrscht der Spieler unterschiedliche Ausführungsvarianten?

Lern- und Bewegungshilfe

- Sichtweise des Spielers und Schusswinkel des Balles unterscheiden
- Eigene Möglichkeiten und die des Torhüters einschätzen

Regeln

- Der Torhüter berührt beim Anpfiff noch die Torlinie. Dann darf er sich frei bewegen. Mit den Händen darf er den Ball nur im Torraum abwehren.
- Der Schütze darf nur einmal schiessen; es gibt keinen Nachschuss
- Nach einem Torerfolg wird mit einem Bully beim Anspielpunkt weitergespielt
- War der Penalty erfolglos, geht es mit einem Bully weiter

Hinweis

Aus der Bewegung kurz nach der Ballannahme auf eine vom Torhüter ungedeckte Torlücke schiessen oder den Torhüter schnell umspielen und das Tor erzielen

Testformen

Bewegungsaufgabe

10 Bälle müssen aus sechs Metern Distanz (stehend) ins Tor geschossen werden. Im Tor liegt ein Kastenelement. Je fünf Versuche mit der Vorhand- und Rückhandseite (freie Schussart).

Beurteilungskriterien

- Wertungsskala innerhalb der Klasse festlegen

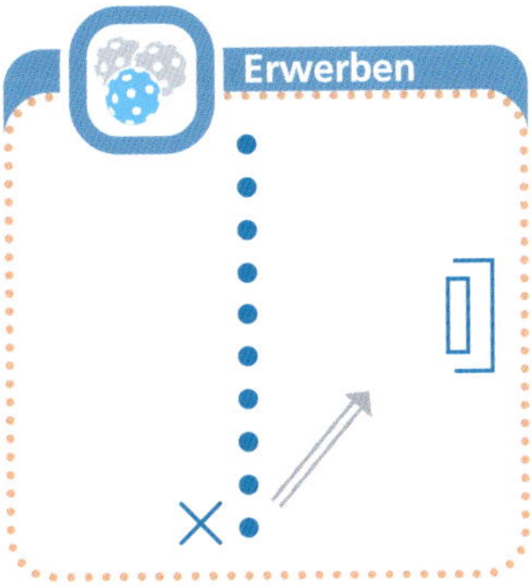

Bewegungsaufgabe

Einen Ball aus dem Depot (hinter dem Tor) holen, um die Markierung dribbeln und aus der Bewegung aufs Tor schiessen. Im Tor liegt ein Kastenelement. Je fünf Versuche mit der Vorhand- und Rückhandseite (freie Schussart).

Beurteilungskriterien

- Wertungsskala innerhalb der Klasse festlegen
- Der Ball darf nicht vor der Torlinie auf den Boden kommen
- Variante: Wie viele Tore werden innerhalb von 30 Sek. erzielt?

Bewegungsaufgabe

Einen Ball aus dem Depot (im Mittelkreis) holen, um die Markierung dribbeln und aus der Bewegung aufs Tor schiessen. Im Tor liegt ein Kastenelement. Je fünf Versuche mit der Vorhand- und Rückhandseite (freie Schussart).

Beurteilungskriterien

- Wertungsskala innerhalb der Klasse festlegen
- Der Ball darf nicht vor der Torlinie auf den Boden kommen
- Variante: Wie viele Tore werden innerhalb von 30 Sek. erzielt?

Taktische Übersicht

Taktik in der Schule
Einem qualitativ guten Unihockeyspiel liegt ein sinnvolles Spielkonzept zu Grunde. In der Schule wird grosser Wert auf die Kontrolle des Balles gelegt. Sicheres Spielen ohne Ballverlust ist die Grundlage für ein kreatives und faszinierendes Unihockeyspiel.

Angreifen

Individualtaktik:
Ich und der Ball

- Den Ball sicher bewegen
- Den Ball transportieren
- Das Tor treffen

Gruppentaktik: Ich und ein Mitspieler/Gegenspieler

- Den Ball vom Gegner weghalten (Ball abdecken)
- Torchancen erspielen
- Überzahlsituationen kreieren
- Den Torhüter ausspielen

Teamtaktik:
Wir und der Gegner

- Den Ball in den eigenen Reihen halten
- Den Gegner ausspielen
- Torchancen nützen
- Positionen einhalten

Taktische Übersicht

Verteidigen

Da in der Defensive der Gegner den Ball bewegen muss, ist das Verhalten einfacher zu erlernen. Es gliedert sich in verschiedene Phasen:

1. Aktion

- Den Ball wenn möglich sofort wieder zurückerobern
- Schnelle Konter unterbinden: sich in den Weg stellen, um etwas Zeit zu gewinnen, damit sich die Mitspieler in der Verteidigung positionieren können (sie stellen sich auf die Verteidigungslinie)

2. Aktion

- Die Gegenspieler «inside» (Verteidigungslinie) begleiten
- Die Spielräume eng machen und den Druck auf den ballführenden Spieler erhöhen (Pässe können so abgefangen werden)

3. Aktion

- Schüsse blocken
- Abpraller erobern
- Den Ballbesitz sichern und auf Offensive umschalten
- Schnellen Konter einleiten
- Sicher aufbauen oder den Ball für den Blockwechsel sichern

Organisatorische Hilfen

Gute Übungsanlagen

Die Dynamik des Spiels mit sich schnell ändernden Spielsituationen soll auch in den Übungsanlagen erscheinen. Eine schlechte Organisation oder Instruktion kann vom geplanten Übungsinhalt wegführen und die Lernziele unerreichbar werden lassen.

Spielfeld

Die Grösse der Teams bestimmt die Spielfeldgrösse (längs, quer oder mehrere Spielfelder).

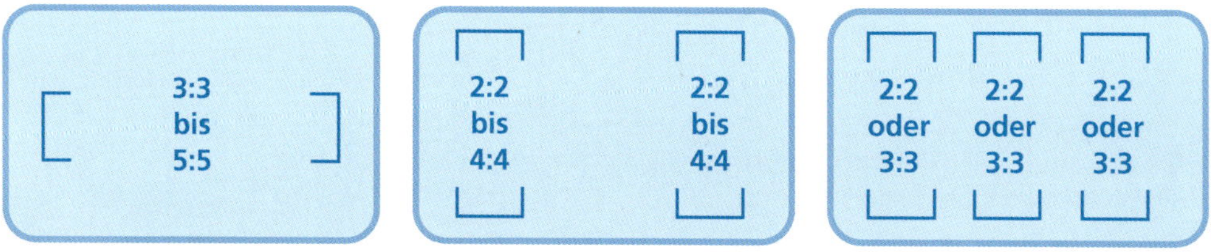

Spieldauer

Anzahl und Grösse der Teams (mit Blockwechsel) bestimmen die Spieldauer (evtl. Turnierplan).

Torhüter

Alle Spielformen können mit oder ohne Torhüter durchgeführt werden. Als «Torhüterersatz» dienen Kastenelemente, Bälle oder Malstäbe.

Auswechseln / Einwechseln

Der einfachste und sicherste Wechsel erfolgt während eines Spielunterbruchs oder «fliegend» bei eigenem Ballbesitz. Zu Beginn organisiert der Lehrer den Wechselmodus:

- Ganze Blocks oder einzelne Spieler wechseln
- Die Spieler eines Teams werden nummeriert und wechseln laufend
- Rotationsprinzip nach bestimmter Zeit
- Wer foult, muss sich auswechseln lassen

Gruppen-/Teambildung

- Zufall: nach Geburtsmonaten, T-Shirt-Farbe, Schuhnummern, …
- Auslosen (Jasskarten, Nummernlose, …)
- 2 Schüler machen unter sich die Teams aus und verteilen nur noch die Bändel
- Kleiner Vorwettkampf (Stafette, Geschicklichkeitsspiele, …)
- «Atomspiel»
- Die Lehrperson bestimmt Niveaumannschaften, Quartalsmannschaften
- Wählen nicht geeignet

Organisatorische Hilfen

Spiel beenden
- Wer zwei Tore hintereinander erzielt, gewinnt das Spiel
- Das letzte Tor des Spieles vor dem «Gong» bedeutet den Sieg
- Die ballbesitzende Mannschaft beim «Gong» hat gewonnen
- Wer in der Schlussminute mehr Torschüsse anbringt, gewinnt das Spiel
- Penaltyschiessen

Klassische Turnierformen
In Vierer-Gruppen spielen mehrere Teams gegeneinander.
Spielmodus: A:B, C:D, A:C, B:D, A:D, B:C.
Nach der Vorrunde erfolgen die Play-offs und Rangierungsspiele im K.o.-System.

Ligaturnier
Auf mehreren Spielfeldern wird quer auf verschiedene kleine Tore (Kastenelement, Keulen, ...) gespielt.
Nach 3 Minuten Spiel 2:2 oder 3:3 ohne Torhüter steigt der Sieger in eine höhere Liga auf; der Verlierer steigt ab.

Skill-Turnier
Zwischen den einzelnen Spielen können die Teams Extrapunkte sammeln, wenn sie eine Bewegungsaufgabe erfolgreich absolvieren.
Skills: Ballparcours, Schnappball, Zielschusswettbewerb, Geschicklichkeitsaufgaben, Stafetten, «Wer-kann-Aufgaben», ...

«King of the court»
Nach einem Torerfolg erhält die erfolgreiche Mannschaft einen Punkt und darf bestimmen, ob sie weiterspielen will oder sich auswechseln lässt.

Spiel mit Zusatzregeln
Die Teams müssen verschiedene Auflagen erfüllen:
- Vor dem Torschuss muss jeder Spieler den Ball berührt haben
- Spieler dürfen sich nur in einer bestimmten Zone aufhalten (Beispiel: 1 Verteidiger, 2 Stürmer)
- Passregeln (Anzahl Ballkontakte beschränken, Direktpässe, Doppelpässe im Angriff, Kurzpassregel, Pässe nur nach vorne spielen, ...)
- Tore zählen nur nach Direktschuss
- Mittellinien-Offside: Der Ball muss immer vor der angreifenden Mannschaft in die gegnerische Hälfte gespielt werden

Übersicht Spielverhalten

<table>
<tr><th>Situation</th><th>Offensiv-Verhalten</th><th>Defensiv-Verhalten</th></tr>
<tr><td>1:0</td><td>• Bewegung/Finte, um den Torhüter zu bezwingen

▸ Angriffswinkel schnell verändern</td><td>Verhalten des Torhüters:
• Grundposition einnehmen
• Sich zum Ball orientieren und Abwehrfläche gross machen
• Erwarteten Schusswinkel verkürzen
• Position wechseln mit Verschiebungen</td></tr>
<tr><td>1:1</td><td>• Finten und Täuschungen anbringen
• Ball aus der Verteidigunglinie bringen
• Tempowechsel
• Ball abdecken/abschirmen

▸ Ball weg vom Verteidiger halten</td><td>• Raumdeckung garantieren
• Verteidigungslinie einnehmen
• Spiel verlangsamen (Stockschaufel zum Ball schieben)
• Tempo des Gegners annehmen (Distanz kontrollieren)
• Fehler beim Gegner provozieren
• Abdrängen und steuern
• Schuss blocken

▸ Druck auf den Ball machen</td></tr>
<tr><td>2:1</td><td>Ballführender:
▸ Torgefährlich sein

Mitspieler:
• Anspielbar sein: freilaufen, in guter Anspielposition sein (für Direktschuss)
• Blocken
• Abpraller verwerten</td><td>• Pass verhindern/abfangen
• Ballführenden in schlechte Position (nach aussen oder auf die Rückhandseite) steuern

▸ Den Torschuss dem Torhüter überlassen, dann den Gegner abschirmen und den Ballbesitz sichern</td></tr>
</table>

Übersicht Spielverhalten

Situation	Offensiv-Verhalten	Defensiv-Verhalten
2:2	Ballführender: • Torgefährlich sein • Tempo variieren • Tempo-/Positionswechsel anbringen (kreuzen) Mitspieler: • Anspielbar sein (in guter Position) • Block stellen (für Mitspieler) • Mit dem ballführenden Spieler kreuzen • Abpraller verwerten	• Manndeckung (vgl. Situation 1:1) • Zonen-/Raumdeckung (Gegenspieler übergeben)
3:2	• Überzahl kreieren (2:1 oder 1:0) • 1-2-3 Prinzip: 1: Ballführender ist torgefährlich 2: Druck aufs Tor machen/ vors Tor gehen (Gegner auf sich ziehen) 3: Sich der Situation anpassen, Überzahl bilden (Freilaufen; sich anbieten für Direktabschluss)	• Staffeln (versetzt stehen) • Den ballführenden Spieler unter Druck setzen
3:3	• Überzahl kreieren (2:1 oder 1:0) • 1-2-3 Prinzip: 1: Ballführender ist torgefährlich 2: Druck aufs Tor machen/ vors Tor gehen (Gegner auf sich ziehen) 3: Sich der Situation anpassen, Überzahl bilden (Freilaufen; sich anbieten für Direktabschluss)	• Manndeckung (Vgl. Situation 1:1) • Zonen-/Raumdeckung (Gegenspieler übergeben)

1 Schnickschnack

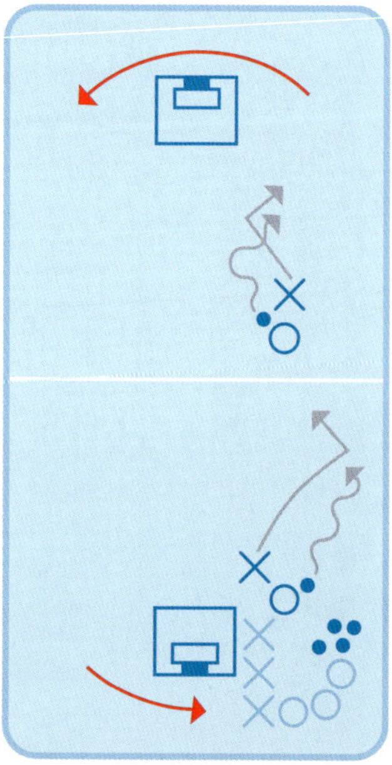

Übungsform
Der Ballführende läuft in einem regelmässigen Tempo einen Zickzackweg übers ganze Feld. Der verteidigende Spieler muss immer die Inside-Position halten. Der Verteidiger hat sein Tor im Rücken (deckt die Verteidigungslinie).

Erleichtern
Spaziertempo des Ballführenden

Erschweren
Tempowechsel des Ballführenden

Variante
- Verteidiger ohne Stock, mit Händen auf dem Rücken
- Verteidiger mit umgekehrtem Stock

Ziel
Verteidigungslinie decken, d.h. der Ballweg zum Tor wird permanent verstellt

Kontrollfrage
- Wird der Ballweg zum Tor konsequent zugestellt?
- Kann das Tempo des Angreifers angenommen, die Distanz kontrolliert werden?

Lern- und Bewegungshilfe
- Füsse versetzt stellen (nie parallel nebeneinander)
- Gelenke bleiben gebeugt
- Tiefe Position und Distanz halten
- Stock zum Ball schieben
- Blick auf gegnerischen Körper richten
- Gegner mit Gleitschritten lenken

Hinweis
- Defensive/Offensive abwechseln
- Übung übers ganze Feld absolvieren

2 Zweikampf mit Konter

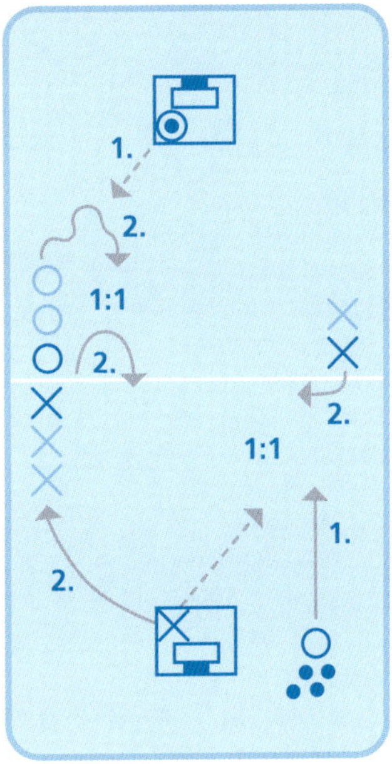

Übungsform
Der Torhüter wirft einen Pass zum Angreifer. Dieser spielt gegen einen Verteidiger, der ihn ab der Mittellinie abholt. Der Verteidiger spielt bei Ballgewinn sofort einen Pass zum nächsten Angreifer. Es entstehen fortlaufend neue 1:1-Situationen.

Erleichtern
Übung ohne Torhüterauswurf üben; Bälle liegen bei Angreifern in der Ecke bereit

Erschweren
- Mit Tempo spielen
- Schüsse ab der Mittellinie

Variante
- Timing des Auswerfens anpassen ans Geschehen auf der Gegenseite
- Priorität hat immer der Konterpass, der vom Verteidiger ausgeht

Ziel
- Druck auf den Angreifer ausüben, den Ball erobern und den Gegenstoss präzis auslösen
- Angreifer versucht gezielten Schuss aufs Tor zu bringen

Kontrollfrage
- Kann der Angriff blockiert und schnell der Gegenstoss lanciert werden?
- Kann ein gezielter Schuss aufs Tor abgegeben werden?

Lern- und Bewegungshilfe
Verteidiger:
- Verteidigungslinie besetzen
- Tempo annehmen (Distanz kontrollieren)
- Gegner zur Bande oder zur Rückhandseite abdrängen und mit dem Stock Fehler provozieren
- Den Ball wegspielen oder den Schuss blockieren und den Konterpass in den freien Lauf spielen

Angreifer:
- Den Ball weg vom Verteidiger halten
- Für den Abschluss den Ball aus der Verteidigungslinie bringen (Tempo- und Richtungswechsel)

Hinweis
- Bei Bedarf einen Ersatzball ins Spiel bringen (Ersatzbälle liegen in der Ecke oder auf dem Tor)

3 Spielform auf ein Tor

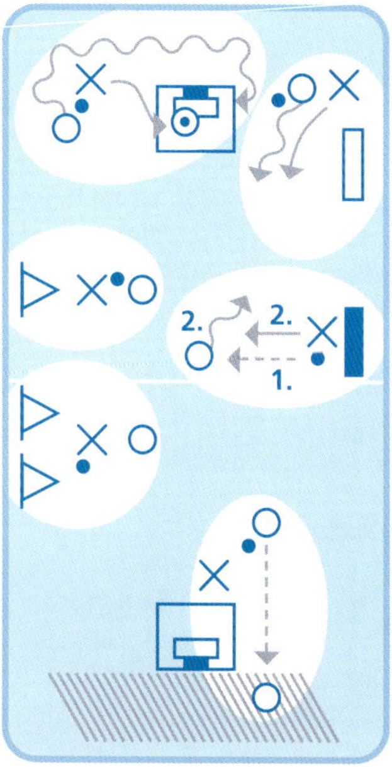

Übungsform

Während 20 Sekunden läuft ein Zweikampf: Wer an den Ball kommt wird Angreifer und umgekehrt. Im Wechsel mit anderen Paaren (mehrere kleine Tore verwenden, z.B. 4 pro Halle).

Erleichtern

Für Verteidiger: kleinere Tore (nur 1 Markierhütchen oder Kastenelement) verwenden

Erschweren

Für Verteidiger: Normaltor mit Schutzraum, aufgestellte Turnmatte an der Wand

Variante

Start mit Bully in der Ecke, Zusammenarbeit mit Torhüter oder mit Zuspieler hinter dem Tor

Ziel

- Verteidiger: Orientierung verbessern; Abdeckung des Tores erfassen
- Angreifer: offene Schusswinkel sofort nützen

Kontrollfrage

- Verteidiger: Kann der Ball möglichst lange vom Tor ferngehalten werden?
- Angreifer: Kann der Verteidiger schnell ausgetrickst und überspielt werden?

Lern- und Bewegungshilfe

Verteidiger:

- Sofort Verteidigungslinie zustellen und Druck auf den Ball machen
- Stock zum Steuern des Stürmers einsetzen
- Schüsse möglichst mit der Körperfläche blockieren
- Den Ball vom Gegner wegspielen

Angreifer:

- Möglichst Abstand vom Gegner halten und so Schusswinkel öffnen
- Im Zweikampf den Körper geschickt einsetzen
- Den Ball vom Gegner weghalten (evtl. einhändige Ballführung)
- Sich schnell lösen und gezielt schiessen

Hinweis

In Übungen mit dem Torhüter übergibt er den Ball dem zuvor verteidigenden Spieler

4 Powerplay

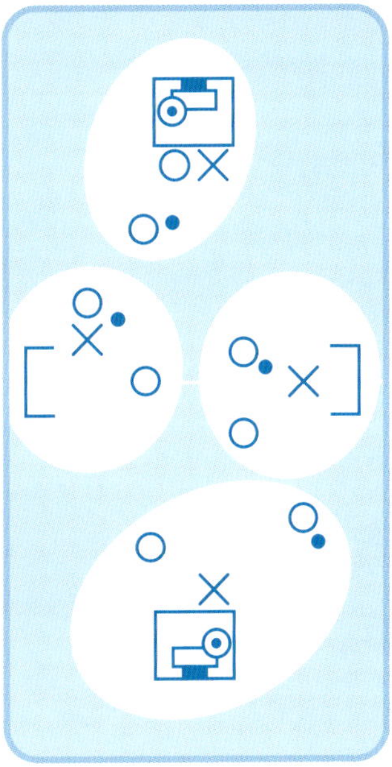

Übungsform
30 Sekunden Wettkampf im Wechsel (Pfiff). Die Offensive muss innerhalb von 30 Sekunden ein Tor erzielen. Die Defensive soll bei Ballgewinn den Ballbesitz verteidigen.
Bei Pfiff kommen gleich drei andere Spieler (2:1) für die nächsten 30 Sekunden aufs Feld.

Erleichtern
Ähnlich spielstarke Gruppen zusammenstellen

Erschweren
Versuchen mit unterschiedlichen Strategien zu spielen

Variante
Mehrere Spielfelder (vier Tore)

Ziel
Effektiv spielen: unter Zeitdruck die richtigen Entscheide treffen

Kontrollfrage
- Kann der Gegner dominiert werden?
- Werden eigene Stärken angewandt und Schwächen des Gegners aufgedeckt und ausgenützt?

Bewegungs- und Lernhilfe
- Im Zweikampf ungleich starke 1:1-Situationen provozieren und ausnützen
- Den Mitspieler gut einsetzen (siehe Spielverhalten 2:1)

5 Konterpass (Endlosform)

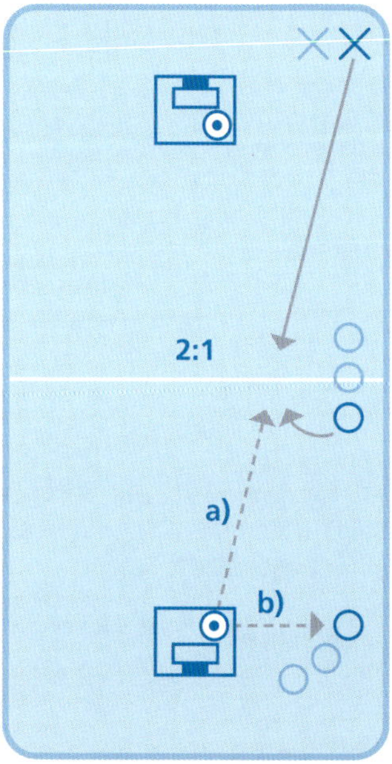

Übungsform

Spiel 2:1, nach Ballgewinn durch Verteidiger/Torhüter einen Auslösepass auf die nächsten 2 Angreifer spielen.
Ersatzbälle liegen auf dem Tor. Weitere Defensivspieler warten hinter dem Tor, um beim nächsten Auslösepass ins Spiel einzugreifen. Der Torhüter wirft den nächsten Ball aus, wenn der andere nicht mehr spielbar ist.

Erleichtern

Verteidiger warten auf Höhe der Mittellinie

Erschweren

- Ohne Torhüter: Auslösepass auch vom Angreifer aus der Ecke spielen
- In beide Richtungen spielen

Variante

Mit Torhüter: Torhüterauswurf entweder als Aufsetzer durch die Mitte a) oder als Seitwärtspass zum aufbauenden Angreifer b)

Ziel

- Verteidiger versucht den Angriff zu verlangsamen (Zeitgewinn um 2:2-Situation zu erreichen)
- Angreifer sucht den Abschluss 1:0

Kontrollfrage

- Kann der Ballführende in eine schlechte Position gesteuert werden?
- Kann der Pass zum Mitspieler verhindert oder abgefangen werden?

Lern- und Bewegungshilfe

- Verteidiger: den Schuss dem Torhüter überlassen
- Angreifer: siehe Spielverhalten 2:1. Angreifender Mitspieler unterstützt den Ballführenden mittels Freilaufen (Direktabschluss soll möglich werden), Blocken für den Ballführenden oder direktes Laufen aufs Tor um Abpraller zu verwerten.

6 Streetball

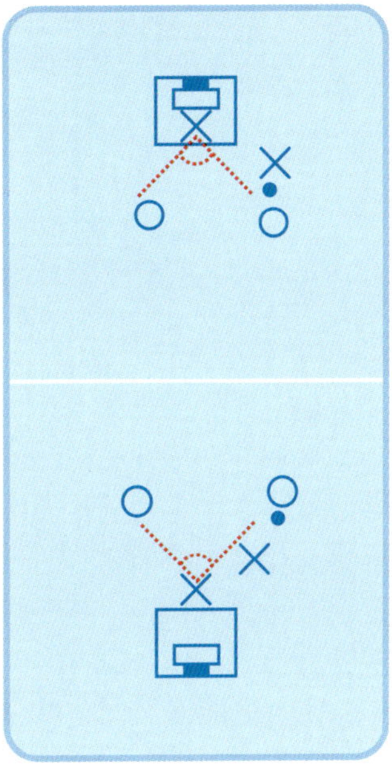

Übungsform
Spiel 2:2. Zweikampf während 40 Sekunden, dann Wechsel (2 Tore pro Halle). Nach Ballgewinn mindestens einen Pass spielen, bevor ein Tor erzielt werden kann.

Erleichtern
Der Torhüter dirigiert seine Verteidiger

Erschweren
Gegen kreuzende/blockende Angreifer

Variante
- Mit zusätzlichem Joker (Zuspieler), der sich nur auf der Aussenlinie und Grundlinie bewegt
- Je nach Spielerzahl spielbar auf 2 Tore (16 Spieler) oder 3 Tore (24 Spieler)

Ziel
Gut zusammenarbeiten und Tore verhindern

Kontrollfrage
Spielen beide Verteidiger «inside» und wird gestaffelt («John Wayne»)?

Lern- und Bewegungshilfe
Decken des Gegners ohne Ball: Der Verteidiger sollte immer gleichzeitig sowohl seinen Gegenspieler und den Ball wahrnehmen («John Wayne») und – falls der Mitspieler überspielt wird – den Torhüter wirksam unterstützen können.

Hinweis
Bei Raumdeckung wird der Gegenspieler beim Kreuzen übergeben – gut staffeln

7 Spiel mit Zuspieler

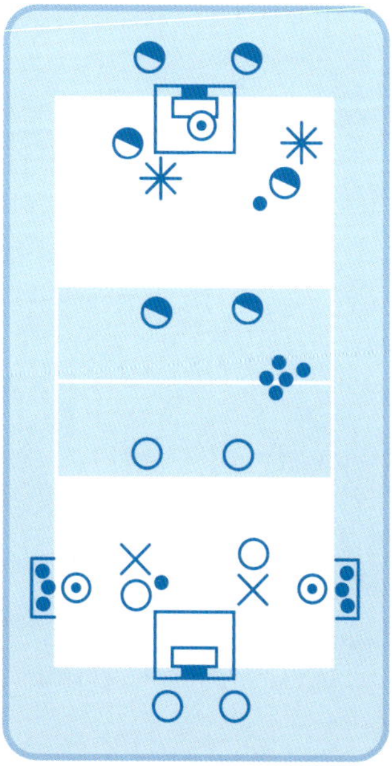

Übungsform
Spiel 2:2 auf zwei Tore während 20–30 Sek.
4 Spieler sind Zuspieler und unterstützen immer das offensive Team. Wechsel: Die 4 Zuspieler kommen aufs Feld und spielen 2:2 gegeneinander.

Erleichtern
Mehr Passeure: Zuspieler können auch seitlich neben den Toren sein (je einer auf jeder Spielfeldseite)

Erschweren
Weniger Zuspieler

Variante
- 2 Parteien auch bei den Zuspielern
- Zugeteilte Torhüter zu den Feldparteien

Ziel
- Verteidiger: vorausdenken, schnell handeln, intensive Störarbeit, Schüsse aufs Tor blockieren
- Angreifer: Gutes Zusammenspiel mit Aussenspielern

Kontrollfrage
- Verteidiger: Können vor allem Zuspiele von aussen abgefangen werden?
- Angreifer: Kann Überzahl aktiv kreiert werden?

Lern- und Bewegungshilfe
Verteidiger:
- Aufgaben verteilen; Tor verteidigen, Anspiele verhindern, Schüsse blockieren, den Ball erobern und sofort wieder Chancen kreieren

Angreifer:
- Mit Doppelpässen zu Aussenspielern oder Direktpässen über Aussenspieler (Relais) den Partner ins Spiel bringen (2:1-Situationen schaffen)

Aussenspieler:
- Pässe in den freien Raum spielen

Hinweis
- Ersatzbälle liegen in der Mittelzone bereit und werden von dort ins Spiel gebracht
- Wird mit Torhüter gespielt sind Ersatzbälle auf den Toren bereitgestellt
- In beiden Hallenhälften auf zwei Spielfeldern spielen

8 Egospiel

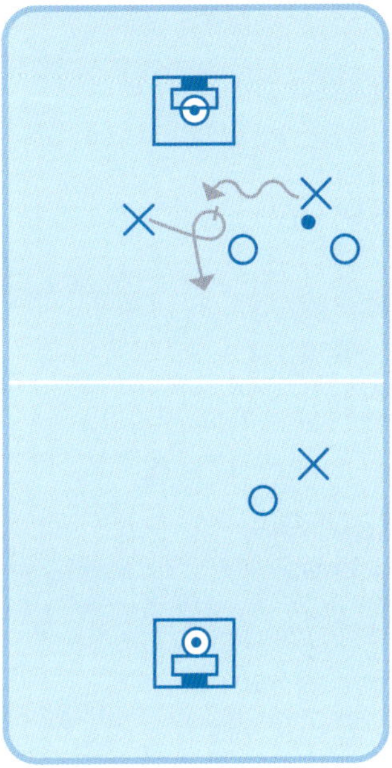

Übungsform

Spiel 3:3. Spiel auf 2 Tore: Der Ballführende darf keinen Pass spielen und den Ball nicht übergeben. Er muss sich alleine durchsetzen und in Ballbesitz bleiben.

Erleichtern

Ballführender darf nur 1:1 verteidigt werden

Erschweren

- Alle Gegenspieler dürfen gegen den Ballführenden Pressing spielen
- Was können die offensiven Mitspieler ohne Ball machen? Wie verteidigen die Gegner?

Variante

Erlaubt ist, den Ball liegen zu lassen (schafft die Option des Kreuzens) und anschliessend regelkonform den Gegenspieler abzuschirmen.

Ziel

- Sich mit dem Ball durchsetzen
- Den Gegner dominieren

Kontrollfrage

Gelingt es sich am Ball zu behaupten, offene Räume und Mitspieler geschickt zu nützen, Finten anzuwenden?

Lern- und Bewegungshilfe

- Die offensiven Mitspieler ohne Ball versuchen den Angreifer durch Blocken und Absichern (bei Ballverlust den Ball übernehmen oder Verteidigungslinie besetzen) zu unterstützen
- Korrekter Block: Blickrichtung zum Ball, mit dem Rücken zum Gegner stehen

9 Gran Real Madrid

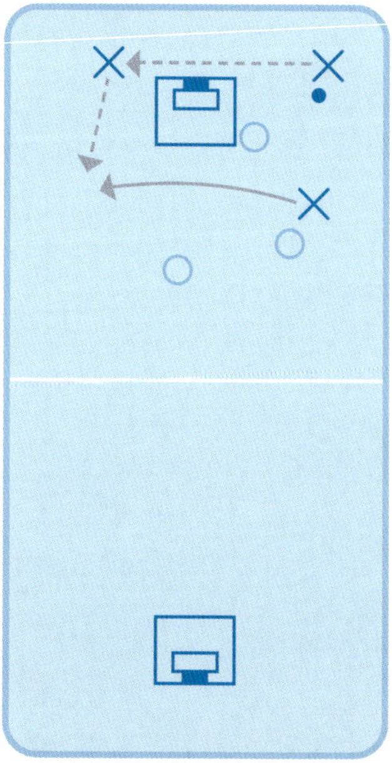

Übungsform
Spiel 3:3. Vor dem Abschlussversuch müssen alle Mitspieler den Ball einmal gespielt haben, ohne dass der Gegner in Ballbesitz gelangen konnte.

Erleichtern
In einer Hälfte einen Pass hinter dem Tor quer spielen bevor aufs Tor geschossen wird

Erschweren
Alles mit Direktspiel (nur je 1 Ballkontakt erlauben)

Variante
Mit Zusatzaufgaben garnieren:
- Zusätzlich einen Doppelpass einbauen
- Nur Direktschuss aufs Tor erlaubt
- Bandenpässe oder halbhohe Pässe

Ziel
Den Ball sicher in den eigenen Reihen spielen

Kontrollfrage
- Erleichtern die Mitspieler aktiv dem Ballführenden das Abspiel?
- Wissen sie bereits bei der Ballannahme, wohin sie den Ball weiterspielen können?

Lern- und Bewegungshilfe
- Risikoarmes Spiel wählen, bis die Aufgabe erfüllt ist
- Dem Ball entgegenlaufen, sich anbieten, anspielbar sein
- Sichere Zonen – weg vom Gegner – benutzen (meist ausserhalb des Volleyballfeldes)

10 Die Unberührbaren

Übungsform
Spiel 3:3: Wenn das verteidigende Team den ballführenden Spieler mit der Hand an der Schulter berührt, erhält es einen Freischlag bzw. Ballbesitz zugesprochen.

Erleichtern
- Für Verteidiger: Pressing spielen
- Für Ballbesitzende: gegen Raumdeckung spielen

Erschweren
- Für Verteidiger: Raumdeckung spielen
- Im Ballbesitz: Sich gegen Pressing behaupten

Variante
Ein Freischlag wird erst zugesprochen, wenn der Ball erobert oder ein Schuss blockiert werden kann. Der Akzent wird hier in der Offensive mehr aufs Spielen gesetzt: Der Ball soll lange im Ballbesitz der Angreifenden bleiben. In der Offensive muss genügend Unterstützung (Abspielmöglichkeiten bzw. Absicherung beim Zweikampf) gegeben werden.

Ziel
Ballbesitzende:
- Erhalten des Ballbesitzes durch rechtzeitiges Spielen des Balls und Freilaufen der Mitspieler
- Abschluss suchen
- Freischlag schnell und effektiv organisieren

Verteidigende:
- Sich einen Freischlag verdienen
- Defensivorganisation bei Freischlägen üben

Kontrollfrage
- Bleibt der Ball in unserem Ballbesitz, gelingt ein gezielter Schuss aufs Tor?
- Können wir in der Defensive den Ball schnell wieder zurückerobern?

Lern- und Bewegungshilfe
- Geschicktes Verteidigen durch schnelles Erfassen der gegnerischen Möglichkeiten
- Bei Freischlägen: Klare Zuteilung 1:1 beibehalten auch bei Pass- und Lauffinten, Direktschuss aufs Tor blockieren

Hinweis
Verteidigen mit angepasstem Verhalten: Raumdeckung, Manndeckung oder Pressing

11 Forechecking / Konterspiel

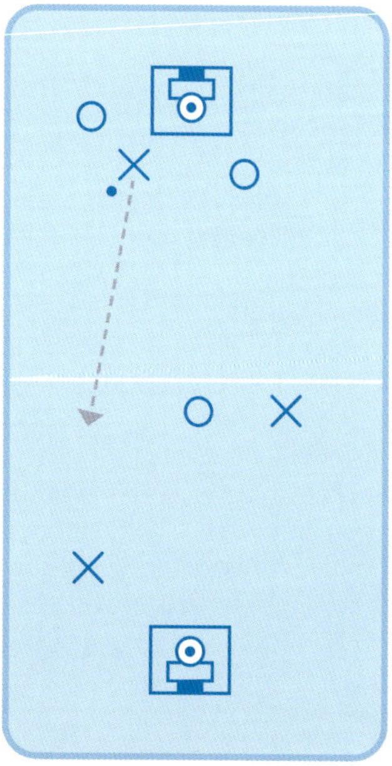

Übungsform
Spiel 3:3. In der eigenen Spielfeldhälfte darf nur ein Spieler verteidigen. In der gegnerischen Hälfte entsteht immer eine Überzahlsituation 2:1 / 3:1.

Erleichtern
Zuerst nur im Schritttempo (beide Füsse immer am Boden) – richtige Entscheide werden offensichtlicher

Erschweren
Mit aggressivem Forechecker, der den Ball sofort wieder zurückerobern will

Ziel
- Schnelles Kontern, bevor der Gegner wieder organisiert ist
- Im Angriff Risikopässe, die zu einem Ballverlust führen können, rechtzeitig abschätzen und vermeiden

Kontrollfrage
Gelingt es allen sofort von Defensivverhalten auf Offensivverhalten resp. umgekehrt umzuschalten?

Lern- und Bewegungshilfe
Bei der Balleroberung, versucht der zuvor verteidigende Spieler möglichst schnell den Ball zu seinen Mitspielern in die gegnerische Zone zu spielen (Auslösung/Konterpass: meist mit einem Pass in den freien Raum), während die zuvor Angreifenden versuchen, den auslösenden Verteidiger unter Druck zu setzen (Forechecking: allein oder zu zweit).

Hinweis
Genügend Zeit für diese Form einplanen, sie ist nicht ganz einfach

Struktur der Spielformen

Spielformen erlauben ein spielerisches Üben technischer und taktischer Elemente und sind an kein bestimmtes Leistungsniveau gebunden. Sie helfen spielnahe Situationen zu imitieren. Klassengrösse und Infrastruktur erfordern es, die Spielform den Gegebenheiten anzupassen.

Tipps um selber einfache Spielformen zu entwickeln:

Ein Spiel wird spannend, wenn alle Parteien ernsthaft mitspielen können. Um motiviert mitzuspielen, braucht es dreierlei:

- Abklärung und Einschätzung der **Voraussetzungen.** Was können die Spielenden? (Niveau-Check)
- Welche **Aufgaben** sind eine passende Herausforderung?
- Wie können vorhandene Unterschiede/Handicaps zwischen den Spielparteien mit geeigneten **Regeln** und Abmachungen zweckmässig ausgeglichen werden? (erleichtern/erschweren)

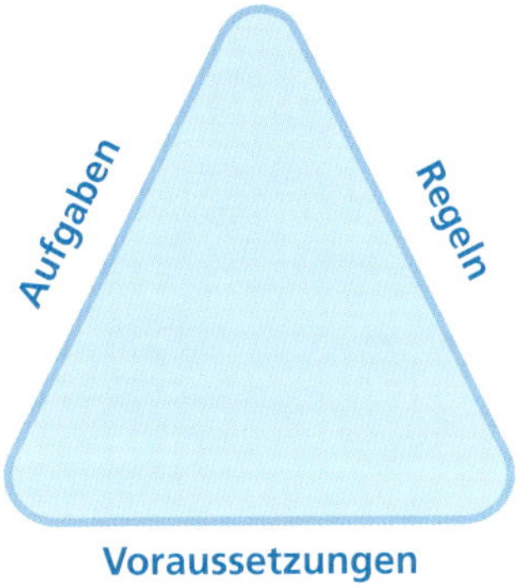

Brésil / Mehr-Tore-Spiel

Brésil (als Endlos-Spielform möglich):
3 Teams (A, B und C) stehen auf dem Feld, wobei sich zu Beginn auf einer Seite zwei Teams aufhalten. Jedes Team besteht aus 3 Feldspielern und 1 Torhüter.

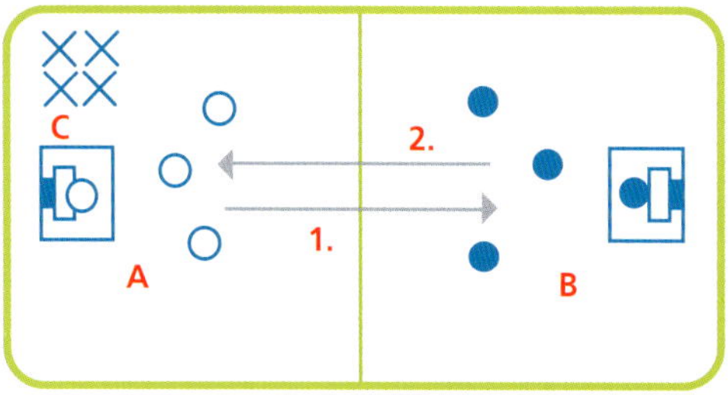

1. A versucht gegen B ein Tor zu erzielen; B darf erst in der eigenen Hallenhälfte verteidigen.
2. Nach einem Tor oder Ballverlust von A wird B zur angreifenden Mannschaft gegen C.
3. Die Tore werden der erfolgreichen Mannschaft gutgeschrieben.

Mehr-Tore-Spiel
Sechs Zweier- oder Dreier-Teams; jedes Team verteidigt ein Tor (kleine Unihockeytore oder Markierkegel) und versucht, bei den gegnerischen Teams Tore zu erzielen.

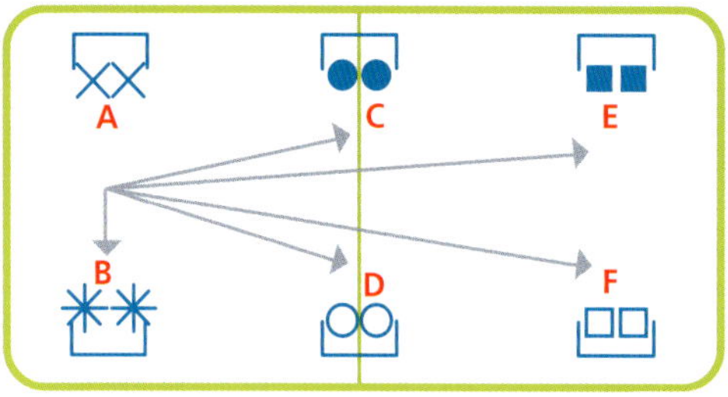

- Alle spielen gleichzeitig gegen alle mit 1–3 Bällen.
- Schiesst z.B. Team A bei B ein Tor, muss B solange aussetzen und eine Zusatzaufgabe lösen (Beispiel: Jonglieren, Passen, ...), bis ein anderes Team bei A ein Tor erzielt hat.
- Wer erzielt am meisten Tore?

Diagonaltore / Dreitoreball

Diagonaltore

4 Teams stehen auf dem Feld; gleichzeitig finden 2 Spiele statt (maximal 4 Spieler pro Team).

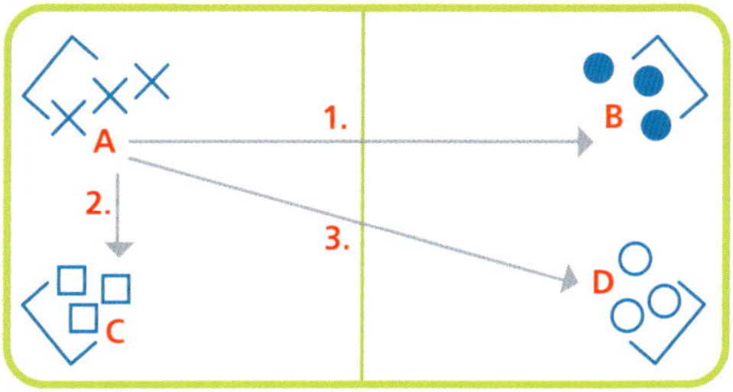

- 1. Spiel: A:B/C:D
- 2. Spiel: A:C/B:D
- 3. Spiel: A:D/B:C

Zusammenstösse sollen durch Rücksicht und Fair-Play vermieden werden!

Dreitoreball

2 Teams mit ca. 5 Spielern stehen auf dem Feld. Ein normales Unihockeytor bei B, zwei kleine Tore bei A (kleine Unihockeytore oder Markierkegel) sind in der Halle verteilt.

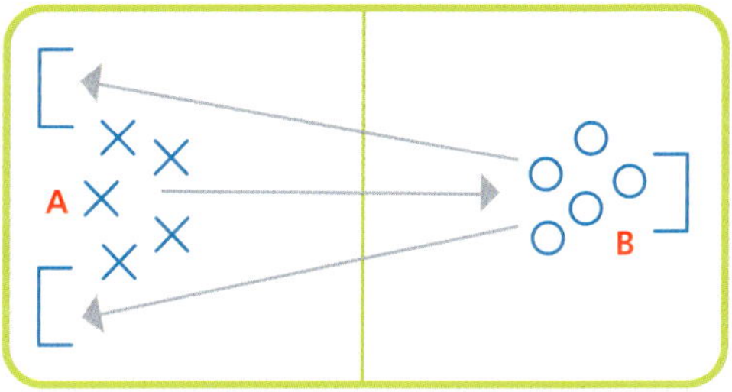

- Team A verteidigt die beiden kleinen Tore und greift das Grosse an, um zählende Treffer zu erzielen.
- Erzielt B ein Tor, werden die Rollen gewechselt und B spielt auf das grosse Tor.

Verkehrte Tore / Toremix

Verkehrte Tore

Zwei Tore stehen in der Mitte des Spielfelds und sind gegen die Stirnseiten der Halle geöffnet. Team A spielt auf das Tor von B und umgekehrt.
Diese Spielform kann auch quer in der Halle gespielt werden.

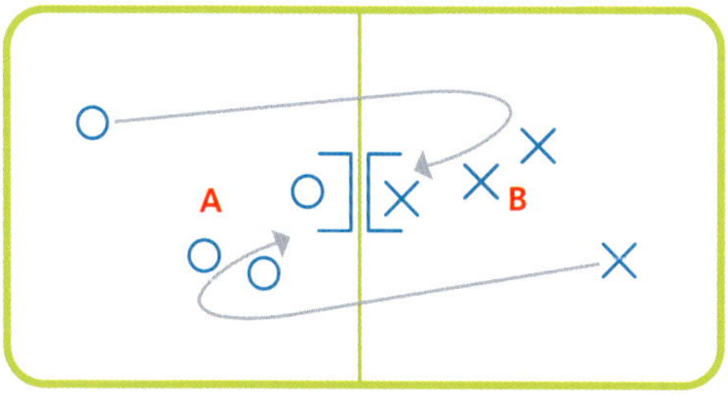

Toremix

Die kleinen und grossen Tore können an unterschiedlichen Orten in der Halle aufgestellt werden. A und B verteidigen je ein grosses und ein kleines Tor, wobei das große Tor in Richtung Wand zeigt. Beide Mannschaften versuchen beim Gegner Tore zu erzielen ohne eigene zu erhalten.

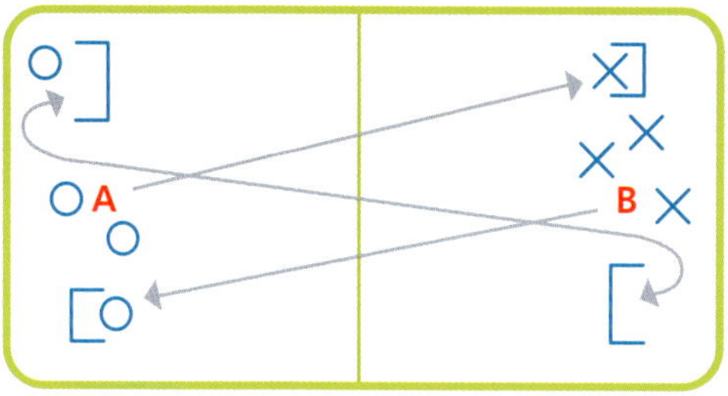

Evaluation des Spielverhaltens

Diese Darstellung zeigt aufbauend die verschiedenen Spielfähigkeits-Stufen vom Anfänger zum Fortgeschrittenen und Könner im Unihockeyspiel.

	Verhalten in der Offensive	Verhalten in der Defensive
Anfänger	• Verliert oft schnell den Ball • Stellt sich frei • Orientiert sich, löst sich vom Gegner	• Verteidigt konzeptlos • Rennt nur dem Ball nach • Spielt zu ballorientiert
Fortgeschrittene	• Sichert den Ballführenden ab • Vermeidet direkten Zweikampf, sichert den Ball • Macht sich anspielbar (bietet sich aktiv an, läuft in freie Räume) • Erarbeitet mit Nebenspielern Chancen (unterstützen, kreuzen, Block stellen) • Deckt den Ball im Zweikampf gut ab • Öffnet neue Spielräume	• Deckt Verteidigungslinie ab • Spielt inside (Verteidigungslinie) • Arbeitet mit Torhüter/Nebenspielern gut zusammen (Raumdeckung) • Schaltet adäquat auf Offensive um • Blockiert Schüsse
Könner	• Kann das Spiel lesen • Vermeidet, dass Mitspieler schlechter Pässe wegen unter Druck geraten • Schafft Räume dank Übersicht • Bestimmt Spieltempo (Ballsicherung, Angriffstempo) • Kann Zweikampf bestimmen und sich sicher durchsetzen • Nützt Finten und Täuschungen • Führt seine Mitspieler	• Kann das Spiel lesen • Steuert den Gegenspieler in ungünstige Räume • Holt den Gegner ab, verlangsamt den Angriff, bedrängt den Ballführenden, erobert den Ball • Bestimmt wo und wann der Gegner den Ball verliert • Stabilisiert sein Team

Spielregeln: Übersicht

Arme:
Der Gegner darf nicht mit den Armen weggedrängt, gestossen oder gehalten werden

Hände:
Der Ball darf nicht mit den Händen/Armen gespielt werden

Stock:
Der Stock muss kontrolliert und zielgerichtet für das Spielen des Balles eingesetzt werden

Ball:
Der Ball verlässt das Spielfeld: Outball

Kopf:
Der Ball darf nicht mit dem Kopf gespielt werden

Hüfte:
Bei der Ballabgabe darf der Stock nicht höher als bis Hüfthöhe geführt/geschwungen werden

Fuss:
Der Ball darf mit dem Fuss nur einmal in Folge gestoppt oder sich selber mit dem Fuss zugespielt werden

Körper

Im direkten Kampf um den Ball darf der Körper nur kontrolliert eingesetzt werden. Man darf lediglich dagegenhalten, ein zusätzlicher Impuls (Stossen/Checken) ist nicht erlaubt.

Stock

Der Stock darf nur für das Spielen des Balles verwendet werden.
Pässe abfangen und kontrollierte, zielgerichtete Aktionen auf den Ball sind erlaubt.

Ball

Der Ball soll flach auf dem Boden, innerhalb des Spielfeldes, mit dem Stock gespielt werden.

Spielregeln: Umgang mit Fairplay

Die wichtigsten Grundregeln für die Schule:
(Schülerinnen und Schüler in die Spielleitung einbeziehen!)

Mannschaftsgrösse

Direkt am Spiel beteiligt sind drei Feldspieler und ein Torhüter (Grossfeld: 5 Feldspieler + 1 Torhüter).

- Je nach Spielform und Hallengrösse können auch mehr Feldspieler zum Einsatz kommen
- Die Anzahl der Wechselspieler (Blöcke) hängt von der Spieldauer ab
- Die Einsatzzeit pro Einwechslung sollte 3 Minuten nicht übersteigen

Spielerwechsel

Das Auswechseln der Feldspieler ist jederzeit möglich. Die Lehrperson ordnet die Wechsel an.

- Im Schulunterricht empfiehlt sich das Auswechseln nach vorgegebener Reihenfolge (Beispiel Nummern) oder in Blöcken nur nach Unterbrüchen
- Wechsel nach festgelegter Zeitspanne

Hoher Stock

Wird die Stockschaufel über Hüfthöhe geführt, erhält die Gegenpartei einen Freischlag zugesprochen.

- Hohen Stock beim Laufen nicht abpfeifen, wenn niemand gefährdet wird
- Insbesondere bei der Schussabgabe konsequent «hohe Stöcke» abpfeifen
- Der Ball darf nur bis Kniehöhe gespielt werden

Bully

Beim Anspielpunkt in der Hallenmitte wird das Spiel angepfiffen. Der Ball liegt auf dem Punkt und zwei Spieler stehen sich gegenüber, wobei sie die Stockschaufel jeweils neben dem Ball positionieren. Nach dem Pfiff darf der Ball gespielt werden.

- Die Schaufeln dürfen den Ball vor dem Pfiff nicht berühren und müssen parallel zueinander stehen

Outball

Dort wo der Ball das Spielfeld verlassen hat, wird er mit einem Freischlag wieder ins Spiel gebracht.

- Die Spielaufnahme jeweils wieder anpfeifen, damit Spielerwechsel möglich sind

Spielregeln: Umgang mit Fairplay

Freischlag

Freischläge werden immer am Ort des Regelverstosses ausgeführt. Der Abstand für die Verteidiger beträgt 2 Meter. Jeder Freischlag darf direkt aufs Tor geschossen werden.

- Der Abstand von 2 Metern gilt auch für die Spielerstöcke
- Den Abstand notfalls abmessen

Penalty

Wird im Torraum ein Regelverstoss am Angreifer begangen, ist der benachteiligten Partei ein Penalty zuzusprechen.
Der Penaltyschütze startet in der Mitte des Spielfeldes und bewegt sich mit dem Ball immer Richtung Tor. Die Schussabgabe ist frei. Kann der Torhüter abwehren, ist kein Nachschuss erlaubt.

- Beim Penalty haben alle nichtbeteiligten Spieler das Spielfeld zu verlassen
- Ist der Penalty nicht erfolgreich, wird das Spiel auf der verlängerten Torlinie mit einem Bully fortgesetzt

Stockschlag

Der Stock dient ausschliesslich dem Spielen des Balles. Eine unkontrollierte und nicht zielgerichtete Aktion wird mit einem Stockschlag (Freischlag) geahndet.

- Leichte Vergehen führen zu einem Freischlag, schwerere Stockschläge zu einer Zeitstrafe
- Stockschläge frühzeitig unterbinden, um «Ausraster» zu bändigen
- Im Zweifelsfall für den Ballführenden pfeifen

Fussspiel

Das einmalige Berühren des Balles im Laufen oder zum Stoppen ist mit dem Fuss erlaubt. Wird der Ball aber absichtlich zu einem Mitspieler gespielt (Fusspass!), muss Freischlag gepfiffen werden.

- Wird der Ball nach einer Fussberührung wieder mit dem Stock geführt, ist eine weitere Fussberührung erlaubt

Ballberührungen mit anderen Körperteilen

Berührungen des Balles mit dem Körper sind gestattet. Ausnahmen: Kopf, Arme und Hände.

- Hochspringen, um den Ball mit dem Körper abzufangen, ist nicht gestattet

Spielregeln: Umgang mit Fairplay

Bodenspiel

Der Bodenkontakt ist nur mit den Füssen und einem Knie erlaubt (maximal 3 Kontakte).

- Gefährliche Situationen entstehen, wenn der Schüler versucht, sich in die Flugbahn des Balles zu werfen. Bodenspiel führt in der Schule zu einem Freischlag.

Torhüter

Der Aktionsradius des Torhüters ist der Torraum. In diesem Bereich ist er in seinen Aktionen frei, solange sie der Abwehr des Balles gelten.

- Ein Körperteil muss immer innerhalb des Torraumes sein
- Beim Auswerfen des Balles darf er nicht behindert werden
- Wirft er den Ball über die Mittellinie, ohne dass ein Feldspieler ihn berührt, erhält der Gegner einen Freischlag zugesprochen
- Rückpässe vom eigenen Spieler dürfen nicht in die Hand genommen werden (Freischlag)
- Im Schutzraum darf sich nur der Torhüter aufhalten

Vorteilregel

Behält ein Spieler den Ball am Stock trotz des gegnerischen Versuchs mittels Foulspiel an den Ball zu kommen, wird «Vorteil» gewährt und die Aktion fortgesetzt.

- Bei wiederholten Vergehen sollen Strafen (Auswechslung) ausgesprochen werden

Spielfeld klein

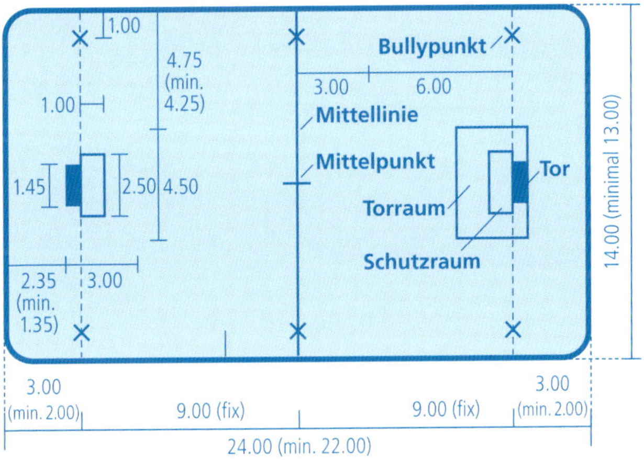

Materialtipps für die Schule

Die wichtigsten Materialfragen angepaasst für die Schule

Stock

Für die Schule werden heute spezielle Stöcke angeboten. Sie unterscheiden sich nicht wesentlich von den Wettkampfstöcken.
Die Schaufelblätter dürfen nur unter Wärme (heisses Wasser, Fön, ...) gebogen werden.
Die Biegung darf nicht stärker als 3 cm sein.

- Die Wahl des Stocktyps hängt von der Grösse, dem Alter und dem Können der Schülerinnen ab
- Jeden Stock markieren und den Übergang Schaufel-Schaft mit Klebeband (Stofftape) verstärken
- Verschiedene Stockseiten und Schaftlängen zur Verfügung stellen

Ball

Für ein sinnvolles Üben sollte pro Schüler mindestens ein Ball zur Verfügung stehen.
Unterschiedlich farbige Bälle können das Üben sinnvoll unterstützen.
Kunststoffeimer oder ähnliche Behälter sind sinnvolle Hilfsmittel in Sportlektionen.

- Eine grosse Anzahl von Bällen «sicher» verwahren
- Behälter für Übungslektionen sind sinnvoll
- Bälle sind Verbrauchsmaterial; sie sollen ersetzt und nicht repariert werden

Tore

Viele Turnhallen verfügen heute über richtige Unihockeytore in den Originalmassen (Höhe: 115 cm, Breite 160 cm, Tiefe 60 cm). Auch Tore mit kleineren Massen werden im Fachhandel angeboten; sie sind für Spielformen ohne Torhüter und den Unterricht mit Jüngeren geeignet.

- Rohrkonstruktionen mit abgerundeten Ecken bergen am wenigsten Gefahren
- Nur mit Unihockeybällen auf diese Tore schiessen und das Netz am Rahmen befestigen (evtl. Merkblatt für andere Hallenbenützer erstellen)
- Kabelbinder dürfen nicht hervorstehen
- Schwedenkasten oder aufgestellte Turnmatten können auch als Tor verwendet werden

Materialtipps für die Schule

Banden

Während die Meisterschaftspiele mit Banden (30–50 cm hoch) ausgetragen werden, reicht im Schulsport eine Abgrenzung der Spielfeldecken mit Langbänken.
Bei Turnieren und Anlässen empfiehlt es sich, Banden zu organisieren, bieten sie doch zusätzliche Attraktivität (Bandenpass), Übersichtlichkeit (Outbälle) und Verminderung der Gefahrenquellen (Kletterstangen, Sprossenwand, ...).

- Immer mit Langbänken abgrenzen; schafft Platz für Auswechselspieler

Spielfeld

Für das Spiel im Sportunterricht sind die Position der Tore (auf der Volleyballgrundlinie), die Torräume, Anspiel- und Bullypunkte von Bedeutung. Für die Torräume sind oft Teile der Basketballmarkierung nützlich; die Bullypunkte liegen auf den Ecken des Volleyballfeldes.

- Tore stehen auf der Volleyballgrundlinie
- Teile der Basketball-Markierung als Torraum verwenden

Torhüterausrüstung für die Schule

Empfehlung für eine Sporthalle (ohne Tore)

	Minimum	Ideal
Eignung	**Ausgerichtetes Gruppentraining auf Spiel**	**Häufiges Technik- und Taktiktraining, Schulkurse, Turniere**
Material	• 16 Stöcke (12 links/4 rechts): stabil, vorgebogene Schaufel, mittelharter Schaft, Griffband • 20 Bälle • 2 Torhüterhelme mit Gitterschutz • Behälter für Stöcke/Bälle	• 30 Stöcke (22 links/8 rechts): stabil, vorgebogene Schaufel, Schaufel mit guter Gleitfähigkeit, mittelharter Schaft, Griffband • 40 Bälle • 2 Torhüterhelme mit Gitterschutz • Torhüterhosen und Shirt • Knieschoner, Tiefschutz, Ellenbogenschoner für Torhüter • Behälter für Stöcke/Bälle/TH-Ausrüstung
Reparatur- und Kontrollarbeiten	• Allgemeine Kontrolle Materialbestand • Ersetzen von defekten Schaufeln und Bällen • Zurechtbiegen von Schaufeln • Reparatur/Ersatz der Griffbänder • Kontrollieren und waschen der Torhüterausrüstungen	
Jährlicher Ersatz (variiert je nach Hallenbelegung)	• Ersatz Bälle (10 Stück) • Ersatz Schaufeln (2 Stück) • Ersatz Stöcke (4 Stück) • Diverses (Griffband, ...)	• Ersatz Bälle (40 Stück) • Ersatz Schaufeln (6 Stück) • Ersatz Stöcke (10 Stück) • Diverses (Griffband, ...)
Aufwand	• Allgemeine Kontrolle Materialbestand • Reparaturarbeiten • Reinigungsarbeiten • Administratives **Zeitaufwand: 10–15 Stunden/Jahr**	

Literaturverzeichnis

Beutler Benedikt, **Vorlesung Trendsportart Unihockey,** 1996, ETH Zürich

Darms Andrea, **Skript zum Ergänzungslehrgang Unihockey,** 1996, ESSM

Brändli Marc, Gärtner Philipp, **99 Spiel- und Übungsformen im Unihockey,** 1996, SUHV

Matasci Alan, **Unihockey in der Schule, ETH Zürich,** 1997, Diplomarbeit

Matasci Alan, **Unihockey – ein ideales Spiel für den Sportunterricht,** 1/98, SES

Beutler Benedikt, Wolf Mark, **J+S-Leiterhandbuch Unihockey,** 1998, ESSM Magglingen

Hofer Heinz, **Coachen einer NLB-Frauschaft,** 1998, Magglingen, SOV-Diplomarbeit

Brändli Marc, Gärtner Philipp, **100 taktische Formen im Unihockey,** 1998, SUHV

Brändli Marc, **Unihockey in der Schule, Handreichung zur Erstellung eines Lehrmittels,** 1999, ETH Zürich, Diplomarbeit

Gärtner Philipp, **Unihockey Ausbildungskonzept,** 1999, ETH Zürich, Diplomarbeit

Wolf Mark, **Torhüter sind anders,** 2001, Eigenverlag

BASPO, **Kernlehrmittel J+S,** 2000, Magglingen

Wolf Mark, **J+S-Leiterhandbuch,** 2002, BASPO Magglingen

Beutler Benedikt und Ungrad Franz, **Skript zur Praxis Grundausbildung Unihockey,** 2002, ETH Zürich

Bertsch Rainer und Gugelmann Simon, **Stufengerechte Aufbaureihe des Unihockeys in der Schule,** 2002, ETH Zürich, Diplomarbeit

Cadisch Andreas und Müggler Marco, **Unihockeylehrmittel für die Schule,** 2003, ETH Zürich, Diplomarbeit

Brändli Marc, **J+S-Modul Spielverständnis Unihockey,** 2003, SUHV

Ungrad Franz und Brändli Marc, **Praxis Vertiefungsfach Unihockey,** 2004, ETH Zürich

Dank

Wir danken allen, die zum Gelingen dieses Buches beigetragen haben:

- dem Schweizerischen Unihockey Verband (SUHV) für das Patronat,
- dem Schweizerischen Verband für Sport in der Schule (SVSS), der uns ermöglichte dieses Lehrmittel zu realisieren,
- Martin Kaufmann (Verlagsleiter INGOLDVerlag) für die motivierende Zusammenarbeit,
- Duri Meier (Fachlektor SVSS), der das Projekt über Jahre begleitete, für seine ausdauernde Unterstützung und die sprachliche Weiterentwicklung und Überarbeitung des Manuskripts,
- dem grafischen Büro Imago und Frau Stephanie Grunder für die Gestaltung,
- Leo Kühne für die vielen originellen Zeichnungen,
- Daniel Käsermann vom BASPO für die Nutzung der Fotos,
- Heinz Keller, dem Direktor des BASPO Magglingen, der das Vorwort verfasste,
- den vielen Studierenden, die sich über die Jahre an der ETH Zürich mit Unihockey auseinander setzten, unsere Ideen zusammenfassten und weiterentwickelten.

Benedikt Beutler, Mark Wolf

Auf zu olympischen Höhenflügen!

Das neue Lehrmittel «Olympic Spirit for Kids» bietet eine interessante Mischung aus theoretischen Grundlagen und praktischen Beispielen für den Schulunterricht. Kinder der Mittelstufe erkennen die olympischen Ideale und erleben Olympische Spiele.

Die konkreten Vorschläge zum Umsetzen von olympischen Werten wie Fairplay, Respekt, Teamgeist, Umgang mit Regeln und Leistungsbereitschaft können sowohl im Sportunterricht als auch fachübergeifend eingesetzt werden.

Swiss Olympic: Sportförderung und gesellschaftliche Anliegen.

Swiss Olympic setzt sich als Dachorganisation für den privatrechtlichen Bereich des Schweizer Sports führend auf nationaler und internationaler Ebene für dessen Interessen ein. Dabei liegt der Fokus zum einen auf der Förderung des Leistungssports im Nachwuchs- und im Elitebereich. Zum anderen engagiert sich Swiss Olympic stark für Ehtik im Sport, beispielsweise gegen Gewalt in Sportstadien, gegen sexuelle Übergriffe im Sport und für rauchfreie Sportanlässe. Mehr Informationen erhalten Sie unter **www.swissolympic.ch, www.fairplay.ch**

Achtung, fertig, los!

Unterrichtsvorschläge für das 3. bis 6. Schuljahr,
2. Auflage 2004, 92 Seiten, A4, farbig illustriert, Spiralbindung
Lehrerunterlagen; ISBN 3-292-00367-9
Herausgeber: Swiss Olympic Association
Bestellungen via Swiss Olympic Association, Entwicklung und Ausbildung, Laubeggstr. 70,
Postfach 606, 3000 Bern 22, Fax 031 352 33 80.
CHF 22.– pro Exemplar, inkl. MWST, zzgl. Versandkosten, Ermässigung für Schulklassen auf Anfrage.